幸福
文化

致 富 運 氣

돈과 운의 법칙

抓準機會，走向財富之路

南澤秀＿＿著 莫莉＿＿譯

運氣沒有上限，
請將好運擴張至最大值。

───────◆∾∾∾◆───────

「運氣會愈用愈少嗎？我經常中小額的獎金，有人告訴我不可以隨意揮霍運氣，這是真的嗎？運氣也有『總量法則』嗎？」

有一位找我諮詢的客戶如此說道，我在此回答大家。

「沒有這種事，運氣沒有總量法則。」

本書的序言我想以此開始。我在 23 年的時間裡，遇見了許多人，有許多企業家與投資者，也與許多政治家、演藝人員進行諮詢，也會接觸一般上班族或是家庭主婦。

以我的經驗來看，成功人士是沒有最高點的，他們的成功沒有盡頭，既沒有高度限制，也沒有寬度限制。是的，運氣沒有總量法則，確切來說，此生的運氣總量沒有設限，而是可以活用好運氣的期間，但我們該怎麼做才好呢？

　　那就是掌握好運的期間，在那段期間裡傾注所有心力！這就是關鍵。活在世上必然曾經看過有些人，明明比我付出更少努力，卻比我更快獲得更大的成功，每當那時會覺得很無奈吧？因為那些人在可以使用運氣的期間，盡全力活用運氣，專注在那之上，也就是說，在好運的期間投入最大的努力，縮短實踐成功的時間。

　　若將精力集中投入在好運的期間，那麼成功與財富的規模將不可想像，是否好奇那些富翁是如何累積財富的？他們是一步一步累積財富，成為富翁的嗎？還是在特定的期間內獲得高收益，一次累積財富？沒錯，大部分的情況皆是後者。

　　與那些我們熟知的鉅富，以及前來找我諮詢的大部分富者們交談的過程裡，我所觀察到的現象即是如此。許多人在特定期間裡所做的項目相當順利，賺取大錢，因此用

這份錢財作為基礎，快速擴張事業版圖。不過那些父母親原本就是有錢世家的人屬於例外。

我在當講師的時候，經常這樣說。

「請不要自我設限你的運氣。
任誰都無法參透運氣的規模。」

幸好所有人被賦予的子彈數量都是相同，因此是公平競爭，而「什麼時候發射子彈，才能百發百中」成了致勝關鍵，提高命中率是重點，那麼面對相同的子彈數量，我們該如何提高命中率？

想必得竭盡全力等待最佳時機，在那瞬間傾注所有氣力吧？必須在好運期間裡，懷抱只有一發子彈的悲壯心情才行。

每個人都有許多段好運期間，是的，機會是多次降臨的。取決於個人如何運用機會，促成不同的人生面貌與結果罷了。如何將好運帶往高點成了每個人的課題。

《致富運氣》是希望各位能在好運期間、好時機來臨

時，享受最大吉運所寫的書，因此請積極地翻閱本書、徹底活用書中所說、實際執行於生活當中。本書的每一章皆沒有濫竽充數之處，閱讀並且實行後，待一段時間過去後請再次翻閱，屆時將有另一番感受。

　　由衷期盼閱讀本書的讀者能無限拓寬自身的運氣幅度。

金錢與運氣的法則（2）：搭上浪潮

抓準趨勢，人生會更輕鬆

金錢與運氣的法則（3）：扭轉運勢
任誰都可以加入通往財富的道路

「萬全準備將成就自身幸運」

—— 喬波耶（**Joe Poyer**）——

金錢與運氣的法則（1）：
理解概念

「沒有注定失敗的人。」

別永遠傾注百分之百的努力，
記得跟著運勢走向，調節輕重緩急。

風水輪流轉

運氣的旋轉木馬

　　許多人會問「運氣是什麼？」這個問題很難一言以蔽之，我將藉由本書，有條不紊地說明，請仔細閱讀。

好運與壞運

「運」的普遍定義為「早已注定，且人類無法憑一己之力改變的結果」，不經過多的努力就得到好結果時稱為「運氣好」；明明投注許多精力，卻未獲得好成果時稱為「運氣差」。大部分的情況將運氣分為「好」與「壞」，又可仔細區分為「大吉、吉、平、凶、大凶」。

但運氣是時刻改變的，那麼如何能稱之為好運，如何又稱為壞運？當我們不做任何期待卻獲得好成果，或無論怎麼努力還是一場空時，我們會形容「運來了」或「沒有運氣」。大部分在「錢財或工作領域有好收穫時」會形容是好運到來，例如有以下狀況。

1. 自競爭中勝出，達成目標。
2. 實現願望。

形容人生是場一連串的競爭也不為過，無論大事小事，人活在世上總是心懷願望，但大多時候會遇到事與願違的

情況，這就是日常生活。

　　舉一個簡單的例子。我想買星巴克的隨行杯，需要提早去排隊購買，但有要事在身，無法前往，當我忙完後，來到狎鷗亭洞周遭的星巴克，卻已經賣完了，然後我在某一間店看到一名客人，手上拿著我想買的隨行杯，而那是最後一個。那一瞬間腦海閃過「早知道先來這間店」的後悔念頭，這就是運氣不好的一天。

　　相反地也有這種事，我在 2016 年成功認購松島 Hillstate 公寓一事[1]，就是經過塔羅占卜後決定的，當時我沒有過多的期待就申請認購，塔羅牌顯示不錯的跡象，因此我在五分鐘內就決定認購，然後很幸運地成功抽中，當然在那之後我沒有再認購成功過。因為我的運氣不至於能贏過其他人，只不過在競爭率較低時得到了好結果，再加上運氣比落選的人還要好罷了。

譯註
—
1　韓國有認購房屋的抽籤制度，於銀行開設專門購屋的存款帳戶，存滿金額與期限後可以抽籤獲得優先購屋的權利。

還要有強盛的運

在有限的金錢與時間裡該怎麼獲得想要的東西？而且是在需與他人競爭的情況下。除了需要符合許多條件外，眾人共同的條件就是運氣，因此要提前設想一個問題。

「我的運氣比他人強多少？」

相信運氣的人，只要運氣好，就有樂觀看待結果的傾向。「最近的運氣不錯，一定可以中獎的」、「老師說我現在走吉運，看來我一定可以拿到這份合約吧？」這些人會有這樣的想法，雖然競爭率是三比一，但成功的可能性也相對較高。

但如果競爭率是一百比一會是什麼情況？結果預測將會更加複雜，運氣再怎麼好也不容易如你所願，因為必須與多人競爭。再次確切來說，是與許多人的「運」競爭，當然也有可能克服萬難，獲得幸運女神的青睞。到頭來，根據如何接受現有條件與環境，以及如何應對的作為，運氣的結果也隨之不同。

全宇宙都在阻擋我的時候

有些人在運氣不好時會如此形容「現在全宇宙都在阻擋我」，所以想告訴大家，當無論做什麼都不順利時，低調行事、靜觀其變是不錯的方法。也可視為一種斷念，我會告訴客戶請等待下一次月亮改變的節氣，或是再忍耐三個月的時間，相信各位也聽過這句話。

「別試圖改變不可撼動之事，集中精神在可行之事。」

當盡心盡力還是不見起色，請調整呼吸，在原地按下開關，從啟動模式轉為靜止模式，想像自己進入冬眠也無妨。

雖然滿心期盼展開新局面或轉調工作，但鞏固現有的資源也是很重要的事情。

感覺自己進入運氣不順的階段了嗎？那麼請轉為靜止模式，將注意力放在手邊的事物，為了在吉運期間來臨時，可以盡情大展身手，這段期間為儲備精力的時間。

各位，好運、壞運會持續轉變，因此當事情無法如願進行時，無須氣餒。請將壞運想作是海浪，請等待浪潮平

「沒有注定失敗的人。」

息那刻的來臨，當潮汐回歸平穩時，糾纏難解的事情將意外地順利解決。

沒有全然的好事，也沒有全然的壞事

當事情不順遂時，請接受眼前並非我所能掌控的情況，也意同沒有真正的好運與壞運。好事多磨，相信各位都聽過這句成語，即便是好事也是困難重重，一路上有許多阻礙，要經歷風風雨雨才行，這也是我經常告訴客戶們的建言。

另外有一句話叫轉禍為福，前來拜訪我的客戶遇到不順遂的狀況時，我會以消災解厄一詞安慰他們。好事多磨、轉禍為福這兩句成語的詞意，最後皆代表著塞翁失馬，焉知非福的寓意，客戶們也會如此說道。

「做了 A 項目後，感覺很不錯，之後才發現是無用的行為。」

「做 B 的時候，原本以為是徒勞無功，回過頭來看才

發現都是有意義的。」

「選擇 C 這個人時，以為是最好的選擇，過了一陣子後才發現有更好的人。」

吉凶禍福的變化很大，難以預測，面對不容許預測的情況下，我們總是站在抉擇的路口，而且結果有可能與我們的期待截然不同。

任誰都會在選擇前感到猶豫不決，因為選擇將決定人生的方向。舉例來說，假設一個人看到馬路上有人肇事逃逸，他前去幫助受傷的患者，卻錯失重要的會面，因此受到利益損害或產生不愉快，但由於他幫助受害者的義舉，得到了警局頒發的感謝狀。各位如果是他會怎麼做，想必會因為各自的價值觀做出選擇吧。

以運勢來分析這個狀況會得出什麼判斷呢？「捲入他人的壞運，連累自己無法赴約，果然是不好的事！」有可能得出這樣的結果。但運勢的走向本就變化多端，自警察手中接過的這塊感謝狀，說不定在未來能將眼前的壞運轉為機會。

那麼想妥善選擇該怎麼做才好，我會這樣告訴各位，

請務必在運氣好時開始，隨著運勢的走向行動，有需要無畏前行的時候，也有停下腳步的時候。當需要挺身而出卻不行動，將會錯失良機；反之，需要暫緩速度，卻奮不顧身時則會發生不好的情事。

　　欲知道該行動的時機，則需先知道自身的本源。研究出生的「年、月、日、時」即能得知，也稱「四柱八字」。以代表天地的十個天干與十二個地支所組成的排列組合，每個人皆有不同的本源。這組基礎的本源經歷人生變化、從中成長，成為現在的自己。依據人在每個時候所選擇的不同道路，相同的四柱也會呈現不同的人生。

　　各自的本源可以衡量什麼時候可以做什麼事，但我們並不會照章行事，我也在明知該大膽或是該觀望的時候，躊躇不前、無法下決定，因此即便會對自己心生不滿，但我認為這即是人類的樣貌，接受且活過每一天就好。

當運氣的方向改變時，
某種模式會出現。

　　但在運勢改變方向時會出現既定的模式，即轉運之前會出現相反的事件，比如車子遇到減速墊會發出聲響。

　　當我們轉往好運前會遇到小麻煩。舉例來說，難得要出門，卻有人把車停在我的車前，使我的車動彈不得，那時會心想「今天是不是運氣不太好？」隨後撥打電話給車主，然而車主卻很快就接聽電話，也迅速將車子駛離，這就是運氣變好的信號。

　　反之，當運勢要轉壞時，起初皆是美好的，比如有人給出了許多提案，我覺得自己像是個得到絕佳稱讚的人，感到洋洋得意。但這真的是件好事嗎？對方的內心又是怎麼想的？對方認為我是有利用價值（人類相當講究性價比）或是想與我一同共事的人，但光憑這一點就要一股腦地感謝這些提案嗎？通常對方所提出的提案皆隱含他個人的算計，若是當時對方的運氣比我好，那我將會被他帶著走，然後依據他的目的，毫不吝嗇地被利用。

「沒有注定失敗的人。」

當人們獲得他人給予的提案，會認為是重要的機會，但必須謹慎思考才行。可惜地是，這種提案大部分無法連接使人生向上提升的機會。無論是戀愛、事業或合夥的提案，都是經由這樣的過程開始的，而在那之後將會有大大小小的事件產生。

　　對於不擅長獨自挑戰的人而言，容易接受他人的提案，因為只有自己執行，容易讓人感到不安。但大家也都明白一個道理，憑一己之力面對挑戰、克服難關的珍貴經驗，將能製造更大的機會。他人所給予的甜美機會都帶有毒藥，一開始會覺得對方如同生命的貴人，但從某一刻開始有可能會變成仇人。

　　總結而論，欲著手某件事，卻感到零星的阻礙時，請稍微停下腳步，放鬆心情，改變想法。「嗯？要轉變為好運了嗎？」帶著這股念頭再挑戰看看，細小的困難也能告訴你人生正確的方向。並且當他人給出美好的提案時，請別沖昏了頭，冷靜考慮是否能與對方一同進行到最後一刻，人類雖然是互相幫忙的生物，卻同時也是無從得知何時會起貪念的動物，因此八字合盤並非毫無意義的事情。

仔細傾聽，
會聽見運氣的聲音

察覺趨勢

　　前面簡略定義了運氣為何，也說明好運與壞運，此章
將正式探討運。

運指的是「時機」

人們通常視一個人發生了什麼事，將其稱作運，但嚴格來說，即是「時期」或「時機」，我將這個時機分為三種。

1. 可以選擇的時運。
2. 選擇後可以拓展的時運。
3. 不可選擇的時運。

1 號「可以選擇的時運」指選擇之後直到看到結果之前有著充裕時間的期間。例如，在 A 時期做出選擇，直到 B 時期來臨前不斷努力，並在 C 時期得到開花結果。

而 3 號「不可選擇的時運」即是不可做選擇的意思，這時是壞運，不得已要苦撐下去的情況。若說 1 號、2 號是需要賭上人生，盡全力衝刺的時期，那 3 號則是有 90% 的機率會發生不幸事件的時期，讓我舉例說明。

從 2009 年至 2012 年為止，官司接踵而來，由於無法收回借貸出去的款項，光是存證信函就寄了 20 多封，即使

有法務人員的協助，還是造成莫大的心理壓力，不過幸好在那之後整體運勢上升，因此圓滿解決；但 2021 年至 2023 年再度面臨官司問題，這次是驅逐與轉讓的訴訟案件。每當問題發生時便會連帶訴訟，因此當運氣反覆來回的時間點來臨時，代表訴訟也可能發生，這些累積的經驗成為我大腦中的厄運記憶。

當大運與流年轉變時，一群特定的人經常來找我，以十年為週期轉變的為大運，以一年為週期轉變的稱為流年。大運與流年和四柱的五行能互相對應，因此他們好奇自己的運勢會出現何種變化。大部分進入 3 號時期的人們，也就是凡事不順遂的人們，時常詢問關於離職、轉職、課業等相關問題。

有趣的事實是走凶運的時期一定會遭逢大小事件，例如損失錢財、面臨官司、引人非議、與他人陷入爭執、分手、手術或死亡，這些人會經歷普遍認為不好的事情，當然會帶來身心靈的痛苦。

走吉運時會自然地閃避失誤

相反的情況又是如何？走到吉運的時期，運勢會豁然開朗，可能是人際關係得到拓展、遇見貴人、凡事順利，或是難以解決的問題得到緩解之道等等，甚至我身邊的人也事事圓滿。

這些吉運累積起來，將是更上一層樓的機會。現在告訴各位我的故事。

2016 年 9 月，當時我考慮是否要購買退溪住社公宅第三園區的公寓，那時是以無差距（購買價與全租價相同）、千差距（購買價與全租價相差 1,000 萬）購買公寓的時期。我選了好日子與時辰打電話給不動產仲介所，告訴對方我願意用 2 億 1,000 萬韓元買下，卻直到隔天也無消無息。

幾天後我撥電話回去，屋主說若是不出價至 2 億 1,500 萬韓元就不願意賣出，我心想「怎麼會這樣？」就在摸不著頭緒時，腦裡突然冒出一個想法「是好運降臨了嗎？」隨後放棄了這次的購屋。

過了四年，我再次搜尋該公寓的交易價，跌落了 3,000 ～

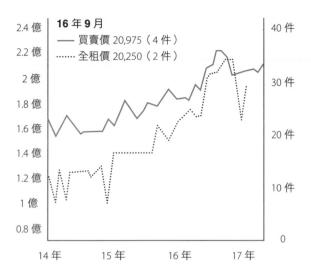

2.4 億
2.2 億
2 億
1.8 億
1.6 億
1.4 億
1.2 億
1 億
0.8 億

16 年 9 月
── 買賣價 20,975（4 件）
‥‥ 全租價 20,250（2 件）

40 件
30 件
20 件
10 件
0

14 年　　　15 年　　　16 年　　　17 年

● 2016 年 9 月退溪住社公宅第三園區 32 坪 ●

4,000 萬韓元，我明白了當時為何屋主要突然提高價格，原
來不是我的判斷錯誤。

而且不僅如此，相同的時間點我因為深感切齒腐心，
嘗試要購入其他公寓，但也同樣遇到對方欲提高價格，漲
到 1,500 萬韓元，「這些屋主都串通好了嗎？」我不由得
感到憤恨不平，最後兩間房子皆沒有買下，心想「這個時

間點的這個區域，無論是無差距還是千差距都無法配合購買」，也後悔自己應該出價時加個 500 萬韓元買下它。

　　但在那之後的局勢卻與我想像得不同，突然傳來房屋價格下跌的消息，甚至出現空屋潮，各位不覺得奇怪嗎？

　　明明那是我運氣不錯的時期，卻無法開價瞄準無差距和千差距的價格，導致沒有順利購屋，但在那之後，房屋的交易價也隨之跌落。

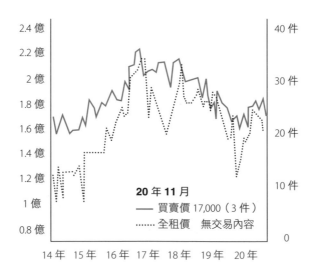

● **2020 年 11 月退溪住社公宅第三園區 32 坪** ●

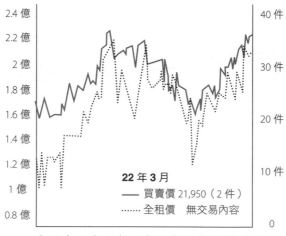

2.4 億　　　　　　　　　　　　　　　　　　40 件

2.2 億

2 億　　　　　　　　　　　　　　　　　　30 件

1.8 億

1.6 億　　　　　　　　　　　　　　　　20 件

1.4 億

1.2 億

1 億　　　　　　　　　　　　　　　　　10 件

0.8 億

22 年 3 月
—— 買賣價 21,950（2 件）
⋯⋯ 全租價　無交易內容

0

14 年 15 年 16 年 17 年 18 年 19 年 20 年 21 年 22 年

● **2022 年 3 月退溪住社公宅第三園區 32 坪** ●

　　那時候我明白了，在好運的期間即使出錯也沒有關係，一切皆能順利度過，宛如「九死一生」，若是我沒有經歷過那種狀況，之後遇到類似的情況時，極有可能會衝動想著「乾脆就加個 500 萬韓元吧！」明明不是破財的運勢，為什麼情況不順遂，我抱著這個質疑做出應對之後，最後時間證明了一切。

大多數的人認為好運降臨就是獲得巨大的成功，但在毫無準備的情況之下，有可能成功嗎？絕對不可能有這種事情發生，要付出相對的努力，才能得到好的成績單，無論再怎麼幸運，毫無準備與努力的情況也不會有所收穫。面對任何事情，我的建言總是一句，請盡全力面對，如此一來，才能真正得到運氣的福報。

當最棒的運氣降臨時，無論從事什麼，皆能感受到內心的平靜，猶如落雪的冬季夜晚般祥和。

也宛如新年早晨，道路上空蕩無車的寧靜氣氛，世界一切事物戛然而止，唯有我身處在那樣的風景之中，那種時候就像獨自珍藏一份火熱的秘密在心中，使人澎湃不已。

然後內心有著好事即將發生的強烈預感，推動任何事也不覺得受到阻礙，在這般氣勢下的人，有誰敢出手攻擊？我猶如君主般做出選擇，威震八方、無人可動的感覺！這樣比喻，各位應該能明瞭吧？

開運是有可能的嗎，該怎麼做？

命運論與開創論之間

　　相信許多人聽過愈成功的人算命的次數愈多。沒錯，的確是事實，占卜原本就是皇帝或地位崇高的人才能接觸的領域。想必各位在電影裡曾看過皇帝為了請示神論找上法師或祭司的場景，占卜師原本就是為了上流社會所設立的職位，在經過講求人本主義的世代後才傳入民間。

　　因此大部分的情況下，算命是在運氣好時為了確信想

「沒有注定失敗的人。」

法的行為，或是想證明自己的成功才找上門來。運氣差時，大部分的人會因為太過疲憊，毫無心思算命。既然如此該用何種觀點算命才好，我以命理師的身分與大家一同探討。

首先，四柱的觀點區分為兩種，命運論與開創論，我認為兩者皆正確，因為具有無法改變的運，也有得以改變的運。

命運論的觀點：
天生擁有相同四柱的人們

簡言之，命運論的觀點為「依照自己的四柱過活」。但是有許多人，即便四柱相同，卻在兩種差異極大的社會地位生活，神奇的是就算人生的型態與位置有著差異，但難熬的期間也一樣難熬，豐收的期間也一同感到快樂。

這些人雖在生命的每個時刻對於相同的方向感到苦惱，但由於做出選擇的位置不同，所享受的人生品質也有所不一。舉例來說，兩個四柱相同的人，隨著生長在怎樣的環

境，會遇見不一樣的伴侶，所做的工作也會不同。

　　但是連續30年都運勢不佳，大多數會呈現相似的情況，在錢財、健康、事業等領域無法閃避不利的因素。初期30年歷經不好運勢的人們，大部分皆不甚了解自己的個性，常被情勢所逼、被欺負，不清楚自己實力為何的人佔多數。

　　反之，30年來連續喜逢好運的人就完全不同，前文提到絕佳好運來臨時，如同身處降雪的冬夜，享受純粹靜謐般，因此在早期受到父母與環境的影響，得以選擇最上乘的選項，畢竟我們很難不依循父母與環境所給予的框架進行學習。

　　當事人帶有良好的四柱，而父母也喜歡公務員，那麼將會全心全意朝著公務員邁進；當事人不僅擁有良好的四柱，也在經商的家庭中長大，那麼此人腦中也將充斥財經與商業的念頭。

　　當然也有許多例外，例如就讀寄宿學校等因素，自10幾歲開始就離開父母，獨立生活的人，就有可能脫離父母的框架。代表他們自社會學習另一個框架，即使擁有不同的框架、站上不同的人生位置，運氣位置相似的人們之間

也相當容易契合。

　　已進行過無數次諮詢的經驗來看，我發現「無論是何種職業的人，只要是位居該領域上層的人，運勢的結構將呈現相同。」因此依照四柱過活的命運論來看，以結構層面得以佐證，但就細節而論卻有待商討，個體的四柱即便相同，但其父母、配偶、子女的四柱皆不同，就算兩人的四柱一樣，持續接收來自周遭的人之影響，仍會過上不一樣的人生。

開創論的觀點：
成功的經驗為重

　　那麼開創論的觀點又是什麼？開創論認為可以改變命運，有許多人對於開運很感興趣，許多前來拜訪我的客戶也經常提及開運一事。

　　「改名的話就可以遇見夢想的伴侶嗎？」

　　「配戴金戒指、金項鍊就可以財源滾滾嗎？」

嗯，聽了許多在我看來不合邏輯的話。

如前文所述，我認同命運論與開創論的部分觀點，實際上我的工作也是協助各位開運。

關於開運最有效的方法，我覺得是人、環境、擇日、實踐等四大要點，這個部分之後會仔細說明，此章先探討開運的入門概念。

雖有許多方法，但「該怎麼做」應是關鍵的重點。以搬家當作例子來看。「1月10日午時（11：30 ～ 13：30）朝南南西的方位10公里以內般家」，若是有像這樣以24方位（以易經的八卦、天干、地支將每個方位用15度的間距劃分的單位）詳細說明的命理師，請相信他的話，他是專業人士。我也在每次搬家時確認24方位，選擇時辰與地區，尤其是辦公室這種空間會從一年前就開始籌備，一定會講究方位與時辰。

講到開運，大家會認為是很龐大又專業的東西，事實不盡然如此，也有很多近在眼前的方法，各位都知道的，那就是減重，以現實層面來看最貼近我們的生活又最實際的開運就是減重。你問我那是什麼意思？減去多餘的體重

的確能幫助開拓運勢，請仔細想想，若是減重成功，可以改變外型、有益健康、增添自信，促使自己參與社交活動，進而拓展人脈，可因此得到許多新知，有助於投資與事業。雖然事在人為，但開運之道對每個人敞開雙手是事實，因此只要減去現在體重的 5% 左右並且維持，就相當接近開運了。

　　普遍認為好運的人會很努力的過活，確實是如此，但也不全然正確，從早期就走好運的人，不會心心念念想著必定要實行某事，因為他們的資源很充足，若是我提議「請嘗試某件事情」，大多數的人會回答「啊？喔～是喔。」

　　另一方面，雖然運氣很好，但早期就因為海外留學等因素，離開父母獨自生活，或是在家中和兄弟姊妹連年出生，經常發生手足爭執的人們，易對於環境產生強烈的不安感，因此總會率先提問「最近感覺似乎可以著手新項目」那麼我就會回答「請在 2022 年 2 月、6 月開始」。這樣子的人通常直覺很準，因為他們「經歷過多次好運期間」才具有如此的經驗直覺。

　　透過上述例子，各位有什麼想法？想必會不自覺心想

　　　　　　　　　　　　金錢與運氣的法則（1）：理解概念

「我在好運期間，要盡可能累積好的體驗、做出有益的選擇才行」。老實說，正是為了找出好運期間，人類才要算命，如此一來便能徹底活用自身運氣、實現目標。

若是身處可以改變命運的期間，卻不為所動，會發生什麼事？各位聽過「火中取栗」這則寓言吧？無法妥善運用先天的好運，只能勉強過活。

開運的三項先決條件

現在來看開運論的觀點之中，開運的三項先決條件。

1. 成長過程由於環境因素經歷許多可能性的情況：因父母或環境累積豐富經驗。
2. 反覆經歷成功與失敗，親身體驗過可能性的大小與方向：白手起家，月薪超過千萬韓元，具有成功的經驗。
3. 抱持「就這樣做看看吧」的心態面對挑戰，至少有

「沒有注定失敗的人。」

一次的成功經驗時：哪怕是做點什麼也願意努力。

如果是上述三種情況的人，以後也能輕鬆開運，我與這些人的對話是這樣的。

「我想嘗試 XXX，在 YYY 時可以進行嗎？」

「不、不、不～ZZZ 是更好的時間點，請再靜候時機。」

「啊，那時候進行會有問題嗎？」

「想進行也無妨，但 ZZZ 是最合適的時間，可以先嘗試，如果感到不對勁，請等到 ZZZ 時再進行。」

若是曾與我諮詢過或明白人生開運模式的人們，想必這是令人熟悉的對話。

那麼來整理一下，相信命運論的人們，於早期受到影響，會依據環境所生成的模式與形成的運勢，隨波逐流。

至於開創論，擁有能改變命運的期間，但必須經歷過三個先決條件的其中一個，才會為下一個階段付出努力或迎向挑戰。彙整每項經驗後，即能在下一次好運的期間實現意想不到的成功。僅有極少數的人會單憑一次的機會就獲得巨大成功，大部分的人皆在好運的期間努力耕耘，站

穩腳步，實踐目標，因此有句話說「成功並非一次函數」。

　　我的職責是替各位找出好運期間，以及能夠實現微小成功的領域與時機。沒有人的人生皆是壞運籠罩，任誰皆有好運降臨的期間，但願每位讀者能累積好運，前往下一個階段，走向「積極上升」的人生。

大企業老闆與超市老闆
的四柱一樣

時間與成功的曲線圖

　　有兩位帶有相似四柱的人,我同時告訴他們相同開運
方法和成功的方法,但一年後再次相遇時,卻是截然不同
的發展。

　　我真的見過許多人與他們進行諮詢,無論再怎麼告訴
他們改變運勢的方法,還是能感覺到「原來真的有不行的
人到最後還是不行的原因」。

命運唯有骨架，
沒有標明職業

　　我擔任命理諮詢一職長達 23 年的時間，正式進行則有 18 年的時間，並非馬虎度過的 18 年，而是幾乎沒有休息時間的整整 18 年，工作直到 32 歲才開始決定星期日休息。即使與一位客戶進行諮詢，他們也會詢問關於自己的親友的問題，因此光是一年的時間，我最少接觸過一萬人以上，迄今所見過面的客戶數量，想必超過數十萬名。

　　來與我諮詢的客戶相當多元，包含一般人難以想像的人士在內，各式各樣的人物皆來找過我，其中多數的人是在韓國率先瞄準趨勢、開創事業的人們。

　　與各種領域的人們諮詢後，我深刻明白這些人是如何從本身的四柱八字裡，取得最大限度的運氣並且有效運用，以及將運氣提升到最高階段時可以達成怎樣的目標，換句話說，我累積了大數據資料庫。

　　我問過當中賺到大錢的人們是如何賺取財富並走到現在的地位，300 位當中就會有一位這樣的人，這對我來說是

最大的學習，同時也因為閱人無數，從中聽取學習到重要事物。

那就是命運唯有骨架，沒有標明職業。這句話是什麼意思？舉例來說，若是運顯示往服務業有好發展，那麼無論何種細項的職業，只要隸屬於服務業都可以。無論從事汽車銷售、保險業務、咖啡事業，那個人將會成為該領域的佼佼者。有事業運的人無論投入何種產業都能得到平均以上的收穫，並且都早已從事與自身相符的產業，這是一項很神奇的數據。

畏懼挑戰的人只會成為公司裡的上班族，其實這些人當中的 10 位就有 1 位適合經營事業，沒錯，他的四柱顯示即使開創事業也毫無困難，但礙於本身沒有自信，也不愛面對挑戰。所以出於衷心期盼那單獨 1 位的人士可以邁向成功，而寫下本章的內容，因此希望各位可以放下過去的日子，準備迎接來日，以開放的心胸繼續閱讀。

成功人士的人生曲線圖

　　請參考這張人生曲線圖，熟知我的人都知道，我會繪製一生的曲線圖與客戶進行諮詢。曲線圖的形狀雖然千變萬化，我以下列圖表作為基準，談談與之相似的例子。

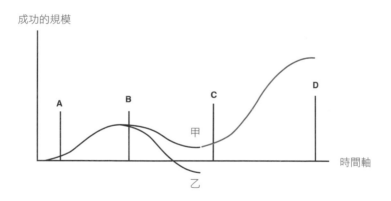

　　處於 B、C、D 時期的人們曾經賺過錢，這群人也是主要前來找我的客戶們，引用一句我最常說的話「算命是屬於成功人士的」，愈成功的人愈常算命。

但問題是還身處在 A 時期的人們。我清楚明白擁有這樣的四柱，並且獲得良好發展的人們，也就是來到 C、D 時期的人們是怎麼賺錢，且如何來到現在的地位。

　　所以當處於 A 期間的人們問我「我以後該怎麼做呢？」的時候，我能快速回答對方，成功之處必順遂，失敗之處必無回。但有人聽見我講出否決的話後會感到失望，認為我澆熄了成功的可能性，最後如圖表裡的乙，呈現下滑趨勢，來到下限之下，不再往上升，無法像甲。朝向運氣的下限而去的人會不斷重蹈覆轍，來到底線後會回到 A 期間，再找尋其他的命理老師，再次詢問「此事成不成？」這真是讓人感到可惜的狀態。

　　各位聽過「帕雷托法則」嗎？也稱作「80 ／ 20 法則」。果真如這項法則的內容所言，只有 20% 的人可以朝向運氣的上限，有 80% 的人會往下限而去，你知道更可惜的事是什麼嗎？倘若告訴屬於 80% 的人那些 20% 的人都是怎麼做，十名當中有十名會這樣回答「我不懂那是什麼」或是「我對那些事沒有興趣」，抑或是「我第一次聽到人家這樣」等等。因為他們從未從 A 來到 B，甚至走到 C 與 D，因此認

為 80% 的世界就是全部，並且感到安逸，這真的是份不簡單的課題對吧？是的，與各位讀者說明這項法則的我也覺得相當不容易。

再次重述，運勢只顯示會是企業家、上班族、投資家還是無業遊民的結構，好比大企業的老闆與超市老闆的四柱，有著相似的骨架。全都有著企業家的四柱，雖讓人感到不可置信，但基本的結構大致雷同，只是很多其餘的事物會對整體事業的規模產生決定性的影響。

似乎每個人都注定了各自適合的職業，但其實不然。真正帶有適合職業的命格，只有位居上層 5% 的職業，也就是「師」字輩的職業，才有真正適合與否的四柱。

因此四柱並非找出適合的產業或職業，而是為了找尋更大方向的結構，無論是做老闆還是受雇於人，再來也只能再看出是製造、服務或是流通等三大方向罷了。摸索細節是個人的課題，這就是我對於這個世界的觀點。

「沒有注定失敗的人。」

經過上升的轉折點後會發生什麼事

　　總之能達到 B 點的人都算運氣好的一方，因為他們嘗試了開始，那麼現在讓我告訴各位到達 C 的旅程。據圖表所顯示，往 C 方向的曲線是不是下墜了？沒錯，有吉就有凶，須注意不好的事情發生，例如會錯過婚姻、合夥破局、運勢走向差、學習運也差等等。

　　處於 C 期間的人平均為 40 歲中半左右，他們披荊斬棘、消災解厄，歷經風霜來到人生的這個階段，因此他們前進的速度相當快速，因為已經歷過 A 期間與 B 期間，明瞭何時該衝刺，何時該靜觀其變。他們精準知道錯在哪、對在哪，我為這些人訂出為了人生下一階段的勝利，需要投入賭注的時間區塊，因為現在必須比以往做得更好，也得修正錯誤。

　　A、B、C 期間的人幾乎只看四柱，因為那段時間是定型的，相對也是需要付諸許多努力的期間。但是來到 D 期間後只算塔羅牌，因為此時的發展已經超出個人的命運。也許會認為已經來到 D 期間的人皆是成功人士，不會再與

算命師進行諮詢了嗎？並非如此，他們來得頻率更高，我聚精會神提供建議的人們也就是來到 D 點的這群人。

首先，酬金不同，第二，他們之中一位的動向，就足以影響許多家庭的生計，第三，他們真心誠意地信任我，因此我衷心期盼這群人可以更上層樓才與之諮詢，會比「可行、不可行」再更具體地給予建言。

但是對於 A 期間的人們，我當然也抱持著相同的期盼，因為該時期是最辛苦且惶恐不安的時期，不過如前文所提，他們總會出現駁斥的反應，「這話又是什麼意思？」邊講邊臉色沉重，或是激動大喊「我要的不是那個！」他們害怕也抗拒變化與挑戰，我為這群人所能做的事就是再次循循善誘「可以再嘗試一陣子」、「回家請再審慎思考一番吧」等等，我寫本書的理由其實也是為了這群人而寫。

不放棄、持續面對困境非常重要，在 A 期間的人，即便只有一位能在閱讀本書後來到 C 期間，那麼我就心滿意足了。

在無限速的高速公路上
開賓士的人

運氣與能力

當我在解析命盤時，除了四柱我還會看「個性」。命盤與個性有何不同？命盤是人類無法用自身力量改變的天運和氣數，而個性則隨著每個人的性格有所不同，我認為個性即是每個人所擁有的能力，待我細細說明。

能力好，運氣也好的人；
能力好，運氣卻不好的人

左右人生的重要因素就是能力與運氣。我將個人的能力比喻為「車子」，此人的運勢為「路」，那麼能分類為以下四種類型。

1. 車子性能好，道路狀況佳。
2. 車子性能好，但道路狀況差。
3. 車子性能不好，但道路狀況佳。
4. 車子性能不好，道路狀況也差。

第一種類型「車子性能好，道路狀況佳」代表能力好，運勢走向也良好。與這群客戶諮詢時，經常能聽見「沒錯，我也是這麼想」等等，能與我互相呼應，溝通無礙，順利結束諮詢。

雖然這樣很好，但當中有些人會出現欠缺努力，安於現狀的傾向，即是不想面對挑戰，這樣的人容易自我滿足，

對於自我人生沒有異議，但旁人卻容易心生不滿。例如妻子希望丈夫可以懷抱更大的目標，但丈夫卻只在每天下班後，回家喝著啤酒配 Netflix，並且以此感到幸福。

那麼第二類型是什麼情況呢？「車子性能好，但道路狀況差」，代表雖有能力，但運勢卻不甚理想，這樣的人需要努力跨躍過眼前障礙，才能解決問題。當然也有即使路況不好，仍能靠好車子順利度過阻礙，開往好道路的機會。這種類型的人，有許多是憑藉自身領悟的解決方法，過關斬將的努力派人士。

比起第一種類型的人，第二種類型的人愈容易賺取財富，尤其是在險峻道路盡頭，遇上筆直大道，成果更是精彩可期。這些人的四柱常有貴人，配偶運也尤佳，是能腳踏實地、迎刃有餘、突破萬難的人。

雖也有即使再怎麼努力，還是被現實裹足不前的人們，但這些人只是需要較多的時間罷了，無論如何皆能解決困境。因為他們是即使面對艱難險阻的路，也不會舉棋不定，能夠當機立斷發動引擎的人們。堅強的挑戰精神加上藉由努力獲得的能力，將能順利開展人生的下一個篇章，終將

遇見康莊大道。

　　不過也有一項要點須注意，那就是堅持的過程當中，車子的耐久性也會降低，再怎麼優秀的車子，一旦開始耗損就很危險，耐久性下降的車無法抵擋颱風的肆虐，最後會回到原點或翻車。

能力不足，運氣好的人；
能力不足，運氣也不好的人

　　世界上最輕鬆的八字就是第三類型的人，「車子性能不好，但道路狀況佳」，自身能力普通，卻運氣好的人們。當然這樣的四柱不會是金字塔上層的人們，他們沒有過大的抱負，總是樂觀看待生活，宛如騎著摩托車在通行無阻的直線以高速前進。雖然金錢與財產不多，但沒有極大的野心，生活從容自在，當身邊有發展不錯的朋友或父母們需要幫助時，也能出手相助。舉例來說，此人想搭遊艇出去玩，某天擁有遊艇的朋友會主動提出邀約，請他過來同

樂，或者朋友因為到海外出差，可以借用他的房子，大概是這樣的感覺。

第四種類型是「車子性能不好，道路狀況也差」，這種類型的人幾乎不會前來找我，頂多看過我參與的電視節目，出於好奇心來找我而已。

若是客戶與我諮詢過後，告訴友人「我去找老師，但他沒有多說什麼就結束了耶」。這是相當令人惋惜的事，這般狀況經常發生在第四種類型的身上，因為諮詢的時間愈長，代表不好的事情愈多，能力不好加上運勢不佳，我很難提供建言，因為此類型的人大多也屬於沒有努力意願的族群。

在無限速的路上開賓士的人們

讀到這裡，各位認為自己是何種類型呢？從某個角度來看，最可惜的或許是第一類型與第二類型。

第一種類型是開著賓士以時速 40 開車的人們。第二種

類型是開著賓士在陡峭的山路間顛簸而行的人們。

倘若各位屬於第一或第二類型，我想建議各位請繼續加把勁，因為你們是只要努力不懈就能看到成果的族群。

賓士 E-Class 等級 2022 年中大型轎車的最高時速為 250 公里，即使開著這輛車仍以緩慢速度前進的人，大多沒有經歷過挑戰，相對地也沒有進步。若是你納悶人生為何總是停滯不前，請仔細省思自己以何種速度前進。

並非要你盲目地以時速 250 公里奔馳在道路上，而是你不能以 110 公里時速前進的同時巴望著日新月異的生活。更甚，如果你的能力如賓士，且運氣尤佳，能在行駛於無限速的高速公路上時更是不該故步自封。

此外開著賓士在未鋪柏油的石子路上，感覺寸步難行的人們，請再堅持一下，前文也提及過，真正的大好運將會降臨到這種類型的人身上，請深信這條險峻的道路將通往光明前途，我祝福各位能持續前行。

「沒有注定失敗的人。」

分清楚眞實的緣分
還是虛假的緣分

需要區分關係的時刻

　　我們此生會與許多人結下緣分，依據各自命運的安排，相遇與別離。與客戶們諮詢的過程，能聽見許多與熟人、貴人緣分已盡的種種關係，也需在客戶感到落寞時給予安慰。

　　　　　　　　　　　　　　　　金錢與運氣的法則（1）：理解概念

緣分：家人，以及非家人的人們

　　每當因為不幸的緣分造成生活阻礙時，我們經常會算命，透過出生的「年、月、日、時」預測其命運與本性，乍看有些生澀難解，但命理學會用這樣的方式解析對方是否能成為當事者的家人。

時干 工作、子女 外型、語氣	日干 自我、原生個性	月干 父親、內在個性	
時	日	月	年
甲	丙	壬	甲
午	●辰	申	午

└─　巳　┘└─　子　┘└─　未　┘

這項方法通常稱為「四柱八字」，正確的名稱為「四柱命理」，由四個柱（年柱、月柱、日柱、時柱）與八個字組合而成。

若要解釋生辰八字，不僅要瞭解陰陽，也要瞭解東方的基本思想「五行」，也就是金、木、水、火、土。這五項元素相生、相剋的關係，解釋了天地萬物的協調。

時	日	月	年
工作、外型 地位較低之人	自我	父 地位較高之人	國家
子女、錢財	配偶	母	搬家遷移

四柱八字裡呈現個人運勢的是日干，從上圖可以看到以日干為中心，被月柱、時柱包圍起來，代表出生年份的年柱則是相距較遠。月柱、日柱、時柱所顯現的關係又稱為六親論，即是血緣關係，簡單來說就是家族成員，年柱

代表祖先、月柱代表父母與兄弟姊妹、日柱是我與配偶、時柱表示子女。

　　既然如此，除了家人以外的人際關係，也能區分為好緣分與壞緣分嗎？在探討這件事之前，我欲先針對人脈進行詳述。

　　我的職業是必須與人接觸的性質，因此真的累積了許多人脈，但是能敞開心胸談心的朋友與偶然相互幫助的人是不一樣的關係，我們不會稱呼這樣的人為貴人。除了這之外還有僅是認識關係的人，當然還有業務往來或因社團等聚會所認識，偶爾與之用餐、泡茶聊天，進行日常對話的關係等等。

　　我們形容善於與人交際，人脈廣泛的人為八面玲瓏，他們也以自身寬廣的人脈為榮。人類是社會性動物，無論是古時候或當今世代，人脈皆被視為重要的資產。

　　但無論交際手腕再怎麼好，擴張人脈也有一定的限度，究竟擁有多少朋友是極限呢？有一則理論能回答這則問題。英國牛津大學進化心理學家，同時也是文化人類學家的羅賓鄧巴教授主張過「鄧巴數」。鄧巴教授認為人類可以穩

定發展關係的人數為，5 名摯友、15 名親近好友、50 名好友、150 名普通朋友。

那麼代表這些數字裡有某人能成為你的貴人，但究竟是誰無從得知，就像不知道哪朵雲會降下雨水般。有可能在面臨危機時，是那意想不到的人會伸手救援，因此才需要與眾人維持良好關係。

運氣轉變時，周遭的人也會改變

然而運氣是會改變的事物，短則 3 年，長則 7 ～ 12 年會變動，每當浮動時會伴隨事件的發生，倘若總是做好準備迎接突發事件，對應的衝擊也會較小。

與各位分享我自身的經驗，有一位 A 朋友，總在我遇到困難時出手相助，可是在關係變淡時，我遭逢了難以解決的大事，原本期待 A 的出現，但對方卻不見蹤影，然後 C 以客戶的身分突然出現，表示願意提供協助，一下子就順利解決。

那麼我與 A 的緣分該如何定義？真正的貴人是 C 嗎？在那之後我並沒有與 C 建立深厚的關係，僅是偶爾彼此問候而已，很神奇吧？但難道只有我有這種經驗嗎？我周遭也有許多人經歷過相似的經驗。

宇宙是由緊密的波長所交織的網絡，我們生活在這片網狀系統之中，人與人之間的相遇都是偶然嗎？我並不認為。當我們身處難以摸清的因果關係之中，發出相似的波長時，是否就會因此認出對方呢？

對我而言，那些比熟人還要快速又直接給予幫助的人就是如此，當彼此的波長不合時，原本信任的關係也會疏遠，並且與幫助我的人結成全新的關係，隨著自我運勢的變化，也會成為他人適時出現的貴人。

貴人並非一直存在，是在特定的情況下引起的相互照顧的行為，那即是我的運氣出現變化的時機，根據運勢的轉變，我們會與人疏遠也與人親近。這些都是意外的相遇與別離。

總而言之，遇見貴人可以促成好的緣分，也會改變自身的價值觀。能看見原先看不見的道路，想法也從消極轉

為積極，在那之後會發生什麼事？到了特定的時間點，自然而然會與下一段的運進行聚合離散，這時重要的是認知「當下我的狀態」，這是今後我要對即將結成緣分的人所展現的加分樣貌。

有句話是物以類聚，若要遇見珍貴的緣分，則必須身懷與之相配的品格。事實上，貴人可以將你牽線給能提供更大資助的人士，相對地，我必須隨時具備可以與那樣人士相遇的情況與資格。若是在我毫無準備「兩手空空」的情況之下，真的會有人願意幫忙嗎？如同之前提到的，我必須先替貴人服務，貴人才會靠近我。

當運氣上升的人
遇見運氣下滑的人

先前提到運勢短則 3 年，長則 7 ～ 12 年會改變，本章將討論斷絕關係的意義。

很久以前我曾在惠化的大學路替民眾算塔羅牌，以戀

愛運五千韓元、工作運五千韓元的方式收費。然後我來到了狎鷗亭洞，然而屋主告訴我「這裡可是狎鷗亭，收費方式要從一萬到三萬定價才行」，我在心裡開心地高聲吶喊，而且不知怎麼地，即使收費提高，客戶還是源源不絕，每天都很忙碌，當時是我第一次用存來的錢買了 Tuscani [2]，快樂得要飛上天。

在那之後的 4 個月，我接到女朋友提出分手的消息，收入提高了兩倍以上，還購入新車，為什麼女朋友選擇分手呢？我當然無法理解，總之當時除了分手，還有許多難熬的事情，緣分就是在相遇與相離的過程裡反覆進行。

許多人相當好奇人與人之間的合盤，讓我們接續探討這個主題。

譯註
―――
2　現代汽車的雙門跑車。

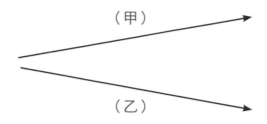

（甲）

（乙）

　　上圖可以看到（甲）與（乙）的運氣呈現不同方向，運勢往上的（甲）與運勢往下的（乙）哪一方會提出分手呢？正確答案是（乙），運勢正在高漲的人是無法事先感知這種狀況的，彷彿突然意識到春天降臨般，在大好之事來臨前，他不會有所察覺。

　　但運勢下降的人相當敏感，凡事都看不順眼，於是（乙）會對（甲）發洩不滿、辱罵，最後提出分手。

　　各位對於這種狀況該如何解決？（甲）應當為了挽回（乙）的心，盡力挽回關係嗎？還是該分手？若是在這種情形下，兩人還能維持關係，代表雙方的八字和諧，以（乙）的立場而言，應該感謝（甲）。

該靠近的緣分，該遠離的緣分

有一位客戶由於最近諸事不順，感到身心俱疲，因此前來找我，他這樣告訴我。

「身邊有位原本挺親近的朋友，但奇怪的是他最近總是出言貶低我，或是講一些讓人不舒服的話，或用不可理喻的理由誣賴我，原本就已經很不順遂了，對方還這樣對我。」

但是我這樣告訴客戶。

「那是您對那位人士產生錯覺了，您與他並非親近之人。」

雙方的八字實為不合，但這段期間以來卻誤以為彼此合得來，才造成今天的結果，請謝絕與這種人的關係。迄今我看過許多人的運勢，這是我最想告訴各位的建言，真正的緣分會在運勢不好時顯現原貌。

這是個簡易的確認機會，光是聽對方的幾句話就能得知。「我在運氣不好時，總有人持續講些不好聽的話，而且還是我一直以來信任依靠的人」。諮詢時我經常聽到客

戶對於這些人的行為感到不解，這個時候我會告訴他們「恭喜您，您終於明白身邊那些緣分為佳，那些緣分為孽了。」

　　請別將這種人留在身邊，即使會感到孤獨，但會出現另一段填補空缺的緣分來到，在那之前請耐心等候。緣分就是來來去去，沒有隨時遞補的緣分，想必大家也都經歷過這種分合時刻，曾經堅韌的愛情與友情會在剎那間改變。

　　經歷無數離別後，聽到「舊的不去，新的不來」的這番話必定有著深刻感受，緣分是無法勉強的，請專注在適合自己的人身上，不適合的緣分請就此放手。甚至連我也有與之和諧以及與之不合的客戶，人際關係就是如此。

　　不過重點是，**要增加與我和諧的緣分，而且為了遇見更多相處得宜的人，需要遠離與我不合的人。**不需要為了維持不好的緣分，而增加內耗。

　　我所選擇的緣分是真實還是虛假，大約在 3 ～ 7 年就可以看出端倪。請留意那些只在需要我時出現，換作我需要他時就消失無蹤的人。首先遠離那些當我身處絕境還不願出手相助或口出惡言的人，無論對方是父母、兄弟姊妹還是朋友皆一樣。

金錢與運氣的法則（1）：理解概念

若是不遠離這些人，最終受到傷害的仍是自己，我們
與人相處是為了感到幸福。能與你產生協同效應的緣分，
可以提升自我的價值，所以別因為來到盡頭的緣分與還在
路上的緣分感到無力或恐懼。

「沒有注定失敗的人。」

相遇爲吉與相遇爲凶的人

找尋十二分之一的機率

　　繼續詳述關於合盤的部分，我有時會一整天都在替客戶看合盤，每當這種時候不禁覺得，自己對於合盤的領域還真是盡心盡力。我觀察到許多事例，也聽見各式各樣的故事，也會遇到其他老師算的合盤與我算的合盤出現不同結果的情況。

決定人際關係和諧的要素：
四種運勢 × 三種運氣

　　讀者們應該鮮少人知道我曾經只替客戶算塔羅牌的過往，當時算戀愛運勢真的算到令人生膩，但多虧當時的經驗幫助我許多，來自客戶們豐富的故事，大幅擴充了我的資料庫。

　　所謂的合盤，與人生運勢一同研究，有同行的合盤、各自獨行的合盤還有互補的合盤，下列的圖示呈現雙方各自人生運勢走向的四種模式。

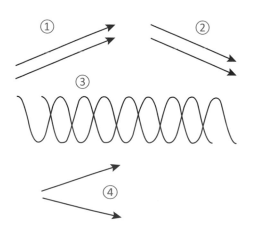

統整如下。

1 號與 2 號為同行的合盤，前進方向相同。

3 號為互補的合盤，前進方向相同。

4 號為分開的合盤，前進方向不同。

1 號與 2 號如圖示，是能同行的合盤，3 號則是互補的關係，為相互需要的人們，因此前進方向相同，4 號則是方向不同，走上殊途。

解析人際關係的合盤時，並非到此結束，需以四種情況作基準，再加上三種運氣一同來看。

A. 相生

B. 無

C. 凶

例如 1 號與 2 號的合盤呈現前進方向相同，但卻遇上 C 的凶運會怎麼樣呢？前進的方向相同，卻不和諧，猶如

從首爾一起搭 KTX 到釜山，一路上卻不斷爭吵。由於方向相同，中途很難下車。舉例來說「我的父母每天吵架，什麼時候要離婚？」女兒針對家裡狀況會提出問題，但有超過 60% 的人，即使每天吵著要離婚，最後還是離不成。

相反地，若是運勢出現 A 的相生，八字呈現 4 號會是什麼情況。前進的方向不同但合得來。應該會認為彼此很適合對吧，但其實會在某個不合理的情況造成分離。好比 4 號合盤的老公想賣房子，因此賣出，但是老婆卻想把房子買回來，最後還是依老公的意見，沒有買房，可是卻在好幾年後因為當初的決定起了紛爭，最後導致離婚，差不多是這種感覺。

彼此八字達到和諧又有相同方向是最好的事情，但相當不易。普通在看四柱時有木生火，火生土等等的相生關係，但就連這種關係隨時間流逝也會出現分離，有許多即使教科書寫著是最合襯的關係，到最後還是曲終人散。原因在於這條路上的運勢出現分歧，因此大部分的人會各自離婚，並在相似的層級圈裡再次遇到他人。

合盤可以放遠視角看到一個人對於生命的態度、生長

的環境，以及對於世界的價值觀（悲觀、樂觀、事業、投資）等等。

例如「一邊上班，以收房租為副業，以月收入一千萬韓元為目標，努力達成吧！」和「以買賣價差或利息撐下去，最後用賣出的方式賺取收益吧！」的兩種人，這兩人的四柱就差距很大，若是這樣觀念相差甚大的男女在一起，想必會很辛苦。

合盤不僅能解析男女關係，同性關係也適用，在職場的勞雇雙方也相當需要，老實說所有的人際關係皆適用於四種運勢 × 三種運氣，也就是說人際關係是四乘三的排列組合。

如同步行在潔白雪地，
寧靜又和諧的關係

這麼說來，雙方合盤極佳代表什麼意思？各位聽過「八字很合」這句話，但無法簡單說明其中的道理，我也在透

過與客戶的諮商過程中，學到了不少的知識。

　　好的合盤意義有如前面所述，像是好運降臨、步行於雪地上、於新年早晨安靜街道上漫步的感覺。行好運時，無論與誰認識，即使沒有互相交談，只是身處在同一個空間也使人相當自在。

　　我有一名高中同學，那個人如果說「這個禮拜要不要碰面？」是件很恐怖的事情。他會來到我的辦公室，從下午三點待到晚上十一點，彼此交談幾句後，點外送炸雞來吃，兩人安靜地玩著手機或玩電腦，然後以「我走啦～」結束碰面，這樣的相處方式持續數十年。

　　就像幾名男人相約去釣魚，當釣到魚時會一起高聲歡呼，然後大多數的時間會保持沉默，緊盯魚竿，最後再互道「今天真開心，能看到你真好」之後各自回家。見面時總是聊天聊得滔滔不絕的女性們也會有這種關係的朋友，見面後無須特別做什麼就能維持的好關係。

　　咖啡廳經常能見交往許久的情侶，會選在景觀良好的位置，滑著自己的手機，不會有過多交談，然後再牽起手一起去吃飯。「要吃什麼？」「吃那個好嗎？」「好啊～」，

即使交談也是短短幾句。那麼剛交往的情侶呢？話可多著呢。

　　最好的合盤是什麼。「你也喜歡吃炸雞嗎？我也喜歡！」、「你選紅色嗎？我也是！」並不是這種猜對彼此喜好的關係，而是無須多言也能自在相處的關係，即使不用多說也能大略知道對方喜愛的事物。

　　因此八字合的兩人，在建立關係時的第一天到一百天內經常吵架，但在彼此理解之後，就能心有靈犀地改變現況，之後的日子幾乎不會有爭吵，我認為在一百天以內爭吵並且和解的關係，比相處兩百天都相安無事的關係還穩固，無論是合夥關係或是異性關係皆是。

　　因為「不吵架」代表某一方持續扮演接受的角色，這樣的關係遲早會破裂，但是經過爭吵的人們最後能「心靈相通」，雙方能推敲對方的想法，想著他可能會如何反應後，審慎斟酌的作法，這是出於理解對方的心意，並非犧牲自己，而是深度的體諒。

　　心有靈犀是在兩人相互站在對方的立場思考、理解後得到的心意，兩人的心將成為一體。當某方這麼說之後，

另一方心想「唉唷，那我應該這麼做才對，沒辦法了」或是「在這個情況下，他當然會選擇這樣做，如果是我也會如此」，心裡會理解對方，相對地，對方也會想著「原來你的心意是這樣啊，真是抱歉」。

找尋十二分之一的機率

八字相合的人，即使有不愉快的事件發生也不會留下痕跡，他們會相互理解、接受，然後繼續前進，在那之後的爭吵也會降低，應對的模式也更加順利，這些事情的發生對於兩人而言已經不成問題。

良好合盤加上人生運勢來看，大多為 1 號、2 號的關係，他們的思考與行為舉止相似，因此溝通無礙，最近從收益上也能看出兩人是否契合。四柱能看出夫妻間對於金錢的觀念、投資計劃與未來計劃是否相符，換句話說意見相通的合盤，就連對事業的觀點也雷同。

當一段良好的關係到達最佳的水準時，兩人會成為一

體，錢財也會相互流通，不會區分你的錢、我的錢、我們的錢。在關係未達到良好標準時，總會區分這是你的、我的，或是一半一半，算得壁壘分明，那樣的關係裡認為情感與錢財是分開的事物。

進行投資的人們聚在一起，一旦親近了起來，就會因信任而團結。若有人說「我的錢不夠」，就會有人積極地釋出善意「我借你吧，什麼時候要用？」彼此會心靈相同、逐步成長，我認為在這樣你來我往所累積的事物就是信任。

但在戀愛階段的初期可以心有靈犀，隨著時間過去也會顯得有些困難了吧？很難單憑刻意付出，關係就突然加溫，因為戀愛也有保存期限，交往到一定程度後，個性差異也會逐漸顯現，關係也會在吵吵鬧鬧中畫下句點。

分手該是誰的錯，看四柱即能知曉，大部分會是經歷壞運的人提出分手，此時我們會考慮到底該跟對方分手，與其他人交往會更好，還是配合對方，繼續在一起會更好。天底下明明有與我四柱契合的人，但是那樣的機率只有1／12，要遇到能與我契合的人就是這麼困難之事，即使閱歷無數，這個課題依然難解。

以那位朋友的例子來說，我一開始也不知道他是個老實人，甚至原先也沒有如此親近，卻一起度過了數十年之久，真正的相合會經由時間證明，並不會如猛火般燃燒或瘋狂襲來，但總會在身邊守護你。

一對一的交換關係：
對方帶有我需要的運氣嗎？

原本好的八字合盤就是看對方有沒有我需要的運，或我是否擁有對方需要的運。這種一對一的交換關係是我認為的最完美合盤。但是這種合盤相當罕見，幫助對方這件事聽起來很容易，但更常是幫助過多或不足，當運不足時，極有可能連自己的運都被對方拿走。

雖然運不足時，我們會藉由他人進行補足，這就是人類生活的模樣。在諮詢的過程裡，常見客戶對於自身父母、兄弟姊妹、配偶、子女的八字感到震驚，原來自己一直以來被耗損了這麼多運氣，原來自己一直在犧牲或是被利用，

也有發現自己原來是承蒙福氣或得到體諒，有許多邊看合盤頻頻點頭的案例。

關係就在彼此幫忙、彼此耗損的來往間延續，了解之後就會發現，天底下沒有單純得到幫助或一味受到傷害的關係，在多變的運勢期間，我們會經歷好事也會面臨壞事。白色的衣物無法永遠保持潔白，皆有可能產生髒污，那就是我們生活的樣貌。

請仔細觀察自己在何種情況下能遇見好緣分，是因為對方的運勢而相遇，還是因為自身的運勢而相遇。還有那些無須多言、無須多做什麼就很自在的關係，好緣分的人是無論何時都會在原地，即使不經刻意也有令人安心的相處感受。

多多遇見好緣分，切斷不好的緣分是人生的技巧，經過再三隱忍，彼此的方向還是不同，終將受傷，因此請不要執著，動身尋找更好的緣分，將不好的人留在原地，繼續前行，同時也別忘記 1 ／ 12 的機率，持續努力。

貴人不出現的原因

施與受的法則

「我也能遇見貴人嗎？」

「我為什麼沒有貴人？」

「我好像都孤軍奮戰。」

「為什麼大家都不幫我？」

　　這幾乎是我每天會聽到的問題，對方會引頸期盼貴人的來到，以殷切的眼神這樣告訴我，而現在換我提問。

「誰有應當要幫助你的理由？」

「若是有人幫助了你，你能替他做什麼？」

沒有無故提供協助的人

對於想遇見貴人的人，這句話聽起來可能會讓各位失望，但貴人是不會輕易出現的，家人間提供協助就已經不容易了，誰會願意成為他人的貴人呢。也唯有家人之間發生困難之事，我們才會跑過去，除此之外沒有了，直到你的用處達到他人的基準之前，不會有貴人出現。

想遇見貴人，和想與醫師、律師、有錢人或權高位重的人成為朋友不同。人們對於貴人似乎有著極大的誤會，我們應該要期許相互理解、分憂解勞的關係，但好像只期待單方面受益的關係。

說起貴人，讓我想起行銷用語，守護天使、靈魂伴侶、精神導師等，這些都像透過電視劇學談戀愛一般，無形中被灌輸的單字。隨著時代的改變，這些名稱也會出現變化，

貴人也是其中之一，這些單字全都帶有守護天使的意義。

　　不過也有人的身邊有許多守護天使，例如那些長得好看的帥哥或是漂亮女子周邊就有很多。我與客戶諮詢時，主要分析吉運以及合盤，卻有許多人好奇自己的貴人，認為自己從沒有被貴人協助過的經驗。

　　但是各位經常被欺騙誤導的單字就是「偏財」、「貴人」，如果對這些單字感到興致勃勃，我認為是自身出現諸多匱乏，這樣與期待中樂透的人有何不同。

　　雖然大多數的人會選擇自食其力，直到出現無法憑藉自身力量解決的問題時，才會想仰賴他人，一般而言不會打從一開始就等待貴人的降臨。

　　但是帶有下列想法的人，才是問題所在。

　　「我要遇見什麼人才可以得到幫助？生肖屬什麼，對方的年紀會比我大，還是比我小，這不是命盤裡會顯示嗎？」我聽完之後只是心想。

　　不是啊，那個人為什麼要幫你？

　　「我打算開咖啡廳，要提供麵包還是馬卡龍比較好？」

　　自己準備要開店創業，卻連配菜菜單都要問我嗎？若

是很親切的命理師可能會提供幾句建言，但我除了莞爾一
笑之外無法多說什麼。

別想著貴人，換個方式想成是助力者

我想要這樣提供建言。

「當你打算著手某件事，在 Kmong 或 Soomgo [3] 的網站
上支付費用，做好能請求協助的準備後，自然而然能遇見
貴人。但倘若不想付出金錢，只奢望單方面的幫助，很難
以這種白吃白喝的心態遇見貴人。」

請仔細思考自己是以何種想法期待他人的幫助。

譯註

3 Kmong（크몽）自由業者的接案平台，可在 APP 裡找尋所需的領域專家。
   Soomgo（숨고）集結房屋裝修、室內設計、線上學習課程的平台，付費後可
   線上尋求專家協助。

金錢與運氣的法則（1）：理解概念

當每次聽大家提及貴人時，總能感覺到他們對於貴人的期待與定義實為如此：「可以使我少走冤枉路，帶我到達目標位置的人」，是的，這是極其自我中心的主觀意識。

人選擇為誰付出，那麼對方勢必有讓自己甘願付出的特點，如果什麼都沒有，相對就沒有提供協助的理由了，不是嗎？雖然的確有不渴望回報只想「奉獻」的人們，比起給予，他們得到了更多。但是也有許多人是為了經營個人品牌而無私付出，最近就有許多為了營銷而進行的無償服務，即便是奉獻，但說到底還是相互有所收穫的行為。

夥伴、助力者的概念就與此吻合，我有能替對方貢獻的事物，而對方也能為此提供我相關的資源，這就是夥伴，或說助力者。

我曾遇過一位女性客戶，她透過我朋友的介紹而來，見面之後提議以後可以做宛如兄妹的親近關係，當時我也「喔～好啊～」的答應。然後在某天，她買了冰淇淋過來，卻開始不斷地問起那些對於自己釋出好感的男生們的細節，我仔細聽了一陣子後，慎重地勸她「別用這種方式問，正式進行諮詢吧。」但她卻反問我，我們這麼親近，為什麼

不行輕鬆問事。

　　各位請別用這種方式尋找人生的貴人，請用正當的方法與夥伴或助力者相遇，當透過與他們的關係獲取經驗後，之後自然能遇見生命的貴人。

　　有些自我為中心的人聽見這樣的建言，會替自己感到可惜，或認為自己沒有得到任何好處。但是人類是社會性動物，無法獨自實現目標，我們皆在關係之前彼此扶持，從中得到成長。

交換法則

　　若在關係中的雙方可以同時更上一層樓何嘗不是件美事，但經常事不從人願。如果只有我要得到經驗升級成長時，就須隨著這個水準改變環境，建立全新的人際關係，換句話說就是更換身處的這池水。

　　眾人皆知的演藝人員們，有些人曾經歷過痛苦的離別，但就其人生的發展而論，離別並非壞事。新酒還須裝在新

瓶，原本以為是苦難的情況，會在日後發現是轉運的變換軌道。

上升運勢強盛的人不太與往日的同學碰面，他們會為了與新的人結緣而忙碌奔走，運氣如季節般轉換，緣分也會輪流轉，自然而然會遇見幫助我的貴人。

此時遇見的貴人就是日後可以一同前進的夥伴或是助力者。我們無法單方面得到幫助，那些不計報酬釋出善意的人，反而有違常理。人與人之間必須有所交換才行。

某間餐廳裡張貼這項標語，讓人不自想發笑。

「請小心請客吃牛肉的人，天底下沒有白吃的牛肉，單純款待他人的心頂多請吃豬肉。」

雖然這種區分方式很幽默，但是我們不知道這些過度親切或施予幫助的人內心的算盤，無論如何都應該再三謹慎。

若是刻意牽強附會原本就無法遷就的人事物，將造成受苦受難的人生，否則船到橋頭自然直的諺語又是從何而來。因此我總是規勸客戶，隨著自身的運氣與人相遇，迎來可以推薦自己的情況時，就積極爭取、盡力面對。

「沒有注定失敗的人。」

像是躺在柿子樹下，等待柿子掉下來的人一樣，大家都認為貴人會主動找上門，甚至會「選擇」自己，現在都什麼時代了，怎麼還有這種想法。

前來找我的女性客戶，有人會參加同好會或婚友社，大約隔週會來諮詢一次現在正在認識的對象，世界上也有人為了找尋自己的另一半，不辭辛勞地付出努力。

毫無作為，空等貴人的人們必須反省，甚至還有人自學四柱後前來找我，這些人對於達成目標做足了準備，其態度讓人敬佩不已。

我最近認真地在學高爾夫球，有一位幫助我的朋友告訴我「用高爾夫球的球技與事業實力成正比的心態，好好學吧」。哇～聽到這句話的瞬間，彷彿被閃電擊中般豁然開朗，說得太正確了，我後悔一直以來只顧著埋首於客戶之間，像隻井底之蛙地生活。

腦海中閃過無數位這十年以來約我打高爾夫球的人們，一想到那個時期若是赴約打球，人際關係的網絡會出現怎樣的變化就覺得懊悔不已。

最後我想拋出一個問題，一名 A 人士，知道我要著手

某項事情後，給了我超過 100 萬韓元的資助，那麼你會怎麼報答對方，不是這種「謝謝～」的口頭答覆，而是這份感激之情，你打算用何種行為表達？應該不會若無其事地收下吧，請各位仔細思考這個問題，這對於往後的人脈累積有著重要的影響。

遇見貴人之際，為了得到成長，成為彼此的夥伴、助力者的心態相當重要，既然好不容易相遇，就別斤斤計較得失優缺，請成為彼此如空氣般，值得感謝的存在。

富人的格局就是不一樣

他們從態度開始就與眾不同

　　替客戶解析命盤的過程，我也學會很多事情，有時候還會挨罵。

某個諮詢過程的對話

　　以下是我與客戶的部分對話，我挑出幾則印象深刻的
內容。

　　客戶：我要和怎樣的對象交往比較好？年紀大的？還
　　是年紀小的？
　　我：有點難以這樣的方式告訴您，您不喜歡年紀小的
　　人嗎？
　　客戶：這是哪門子的回答？
　　我：啊？

　　若是當我這樣回答，對方會認為我在找麻煩，普遍認
知的伴侶關係與四柱的構成有所差異，並沒有寫明年紀大
小，但是客戶先以年紀之分開口詢問，我當然也會如此順
應回答，因為無法概括而論何以為優、何以為劣。

　　客戶：我要做什麼才好？

我：初期的運勢不太好，比起讀書可以先結婚，之後再完成夢想。

客戶：現在都什麼年代了，哪有人先結婚的？

我：因為就算工作，應該也不甚順遂，所以可以改變順序，先結婚後再……

客戶：你管好自己的事就好。

我：……

我不清楚客戶所說的年代是怎樣的年代，難道女性要到 4、50 歲結婚才算正常嗎？

還有這種例子。

我：需到 2026 年，運勢才會順利。

客戶：那麼我那時候幾歲？

我：嗯？？？

以上幾則對話是我與不同客戶的談話過程，這裡有項共通點，這三位所問的問題，都不是白手起家賺得 5 億韓

元以上的成功人士會問的問題，我為什麼要提出這件事呢？
因為與憑藉一己之力得到財富的人進行諮詢時，往來的對
話品質截然不同。

富人的提問有何不同

　　單槍匹馬，埋頭苦做，自行賺取 10 億韓元以上的人們，
其提出的問題將更加細膩精緻，因為他們是仔細省思自身
的運勢後才開口詢問的。我曾開過幾次關於「賺錢八字」
的課程，某些八字帶豐沛財富的人們，甚至從上課的姿勢
就與眾不同，他們的收入也是，當中有幾名也成為我的客
人，這群人總是孜孜不倦、勤奮好學。

　　嘗過苦頭才賺錢的人們，皆是懂得控制情緒的人，他
們的情緒就是錢的情緒，我認為若是無法征服自我的情緒，
那也無法征服金錢。

　　耳根子軟，一聽到他人的話，就無條件相信，不經分
析，倉促購買股票的下場都不會太好。抑或是因為情緒失

控就對主管頂嘴，最後只會成為眼中釘。情緒控制能力低，就會得到相對的損失，但是富人們不同，即使抱著高風險的危機在商場下注，也會發揮理性的判斷能力。

讓我們再次回顧先前的對話，倘若我簡便回答「年紀大的人為佳」，那麼這個對話就能輕易結束嗎？有句話說別用特定的視角看待世界，即便我順應回答了對方，也似乎無法達到真正的溝通，對方所期待的答案是什麼？因為我沒有回答對方預設的答案，所以感到心情不佳嗎？若是遇到這樣的客戶，我想先教導對話的方法。

活在世上，有多少人會真心誠意地給予建言？請仔細想一想，幾乎沒有人在明知對方會面露不悅的情況下，還執意提出想法的，大多數的人會心想「你開心就好」，然後閃避可能讓雙方不舒服的場面。

有看過說「你可以改掉這一點，這樣就會更好」的人嗎？現在確實不是這種年代，因此審視自己並挑戰下一個階段的機會似乎也漸漸減少。

我也不願隨便指責別人，但由於工作性質需要給予建言，每當此時我經常聽到一個單字，那就是「心情」。

「心情好差。」

「心情好受傷。」

有客戶聽到我的建言後說了這些話，這是在不確切清楚自己的情緒為何的情況所說的話語，若我問為什麼感到不開心，就會說我無視對方的感受，而最後的結論總是以「管好你自己」結束，幾乎是一貫的模式。

他們的態度與眾不同

經濟寬裕的人，其態度也與眾不同，他們會側耳傾聽我的話，臉上露出滿腦子想著「我能收穫什麼呢」的表情，即便在對話過程裡有產生彼此誤會的內容，最後也能舒心地用積極的態度結束對談。

有錢人們喜歡相互往來的討論，提問的範圍也相當多元，甚至會問我免稅、贈與稅等稅法的問題，懂得理財的人也喜歡獲得知識，據說年薪達到 1 億韓元的人每月會讀七本書。因此他們總是自信滿滿，就算失敗也不氣餒，會

「沒有注定失敗的人。」

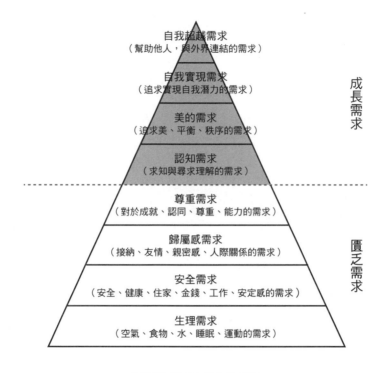

自我超越需求
（幫助他人，與外界連結的需求）

自我實現需求
（追求實現自我潛力的需求）

美的需求
（追求美、平衡、秩序的需求）

認知需求
（求知與尋求理解的需求）

尊重需求
（對於成就、認同、尊重、能力的需求）

歸屬感需求
（接納、友情、親密感、人際關係的需求）

安全需求
（安全、健康、住家、金錢、工作、安定感的需求）

生理需求
（空氣、食物、水、睡眠、運動的需求）

成長需求

匱乏需求

● 馬斯洛的八層需求理論 ●

動員所有的知識情報，將損害降到最低，並且等待時機。

　　此種現象也與馬斯洛的八層需求理論如出一轍，請看上方八層需求理論的圖表。相信諸位聽過美國心理學家馬斯洛所提出的「五大需求理論」，馬斯洛於此加上一項後，

其徒弟又加進兩層需求，成為八大需求理論。

他們是重視虛線之上成長需求的人們，之後會再提及這件事，但運氣愈差的人會執著於填滿虛線之下的需求，也就是食欲、性欲、睡眠欲、自尊等等。若是迎接好運，就必須透過學習與自我實現，努力強化自己，但若是自尊的需求沒有被滿足，情緒起伏就愈大。

經濟能力較寬裕的人，大多在學習與實踐的領域相當快速。他們擁有承認錯誤、自主學習等的共通點，擁有這些特質的人，即使眼前的狀況不佳，也有前途無量的可能性，他們即使面對困難也不會就此停歇，只要時來運轉就能成長為茁壯的大樹。

沒有一帆風順的人生，縝密的計劃也會遇到難關，但當難關將至，會著手解決計劃以外突發狀況的人們，與由於失去掌控權就躲避現實的人們，將有不同的結果。他們累積諸多經驗，建立屬於自己的觀點，所得到的經驗值將會大不相同。雖然人們總以「是非對錯」定論人事物，但最正確的觀念就是「當好運來臨時，將執行的計劃與經驗以多元的方式進行嘗試。」

經歷過坎坷並逐一解決的人，迎來好運當道時，將會得到莫大的成功，也就是量子跳躍，既然已經奠定了穩健的格局，就算賺了大錢也能持續維持。與前來算命的客戶對話時，可以大約預知對方的未來，不只可以看到這棵樹的芽苗數量，還可以看到對方所擁有的格局。

當我勸導對方嘗試某事時，他無論如何都會先嘗試，因為有客戶在聽從我的建議後得到成功，因此這也不能算勸導吧？然而那些反口問我「如果不成功，你打算怎麼辦」的人們，請依照本人所願繼續過自己的人生就好，機會是留給準備好的人，這是生命的真理，機會不會留給時時刻刻抱持質疑的人。

反正依各自的信念活下去即可，人生不會因為半小時到一小時的諮詢就發生重大改變，即使世事快速變遷，但人類的恆常性並不會如此快速就被打破。

我希望帕雷托法則（20：80）裡 80 的人可以往上提升到更好的位置，而這些人從 80 來到 20，是依著自身的努力、信念以及運氣，並非由我所改變，而我希望可以遇見更多位居 20 的人們，因為可以交流更多有建設性的對話。

金錢與運氣的法則（2）：
搭上浪潮

「抓準趨勢，人生會更輕鬆」

請以耕地播種的心態，
遇見什麼就挑戰什麼吧。

世界用「錢」告訴你，你的職業方向

職涯的公式

　　各位認為現在是可以依據個人的價值觀，活在世界上的時代嗎？可以字句都別提古時候那些王公貴族的故事嗎？想必有人會嘆氣跟我說，是不是不知道現在按照自己的信念生活有多難才這樣問的。當然也有人認為比起過去的奴隸社會，現代社會較為人性，那麼果真如此嗎？

「職涯」與「職業」不同

　　韓國是自由的民主主義國家，自由的辭典字義為「不被他人箝制，且不被束縛，能依個人意志行動或其狀態」。我們活在如此重視自由的國家，為什麼卻每天過著處處受限的生活？因為建立於自由民主主義之上的資本主義重視金錢與能力，任誰都無法逃脫。

　　我們活在資本主義時代的巔峰，追求利潤為目的，體制受資本的支配，全世界許多國家的民眾皆生存在資本主義經濟的體制下，跟隨資本主義的原理生活並不複雜，只要按照其原理行動即可。

　　但有人不滿足於這種體制，因為無法理解資本主義的價值觀，或是與自己的價值觀不同所導致。

　　既然如此，在資本主義社會裡選擇職業的自由程度有多高？以往大多數的人一輩子只做一種工作，這種事搬到現今還有可能嗎？

　　各位也知曉，一生的職場、長年職業的概念已經消失許久，取而代之的是前所未聞的工作崗位，獨立勞工、自

由工作者等零工（Gigi worker）陸續登場，泛指簽訂短期契約的勞工，21世紀勞動市場的趨勢被認定為「遊牧工作」（Job nomad），只要有能力，可以四處更換職業。

教育學的辭典定義為「職涯（Career）」，「意指個人生涯職業發展及其過程的概括性用語，過去有許多一生只維持一份職業的例子，因此職涯與職業視為相同詞意；但現今職業的種類出現多樣化，個人的職業發展也在職業群間進行移動，而且隨著大量的新職業的誕生，職涯與職業二詞逐漸產出區分之必要」。

與煩惱職涯的客戶進行諮詢時，時常覺得世界真的改變許多，過往的人大多想知道社會性地位，最近的年輕人則是聚焦於如何才能賺到錢。以前的人只關心會不會被上司惡意使喚，但現在的人對於地位毫無關心，只在乎「想在無人知曉的情況下變成有錢人」。出於這樣的理由，他們煩惱是否該辭去收入有限的公司，為了賺取更大的財富成為自營業者。自營業者們的注意力在於「金錢」。任誰都想少做點工作，多賺點錢，但是韓國自營業者的工作環境漸趨惡劣，想要成功則需站穩有利的定位，與一般苦惱

就業方向的年輕待業者所擁有的「我可以做好什麼事情？」的煩惱有所不同。

自營業者之間是「你死我活」的零和遊戲，若是客人不向我點炸雞，則會在其他炸雞店點餐的意思，也就是說，營業額下滑就代表我的資本逐漸削弱，他們必須在競爭的環境打贏對手才能保障未來，自營業者的煩惱與夢想不是成為業餘，而是進入專業領域。嘗試過創業的人都知道，商場上沒有差不多就好，無論如何都要絞盡腦汁獲取最大的收益，因為這是攸關生死的問題。

一旦創業，需要支付的項目可謂俯拾皆是，稅金、人事費用、租賃費、廣告費、原物料費等，全數支出後只有所剩無幾的利潤，這也是原本為了生存而開店，反而被逼到絕境的人愈來愈多的原因，這些人與上班族、準備就業的人們有極大不同的煩惱。

無業者到資本家，
資本主義世界的六種層級結構

從前有許多人因為職涯問題前來算命。當時我經常給予這樣的建言「從你的四柱來看，可以做這份工作」、「你還沒出現就業運，可以先讀書再等待時機」。但當今的世代已經不適用於這些建言。各位可參照下一頁我所繪製的圖表，逆三角形為財富的多寡，正三角形為人數的多寡。

各位都知道，當今世界並不平等，也都聽過「一夕暴富」、「一夕暴窮」的詞彙，經濟的不平等現象還有比這些更好的形容詞嗎？此圖表的最上端是「資本家」就是擁有絕對性財富的人們，巴菲特、孫正義[4]等人正是屬於此區塊。

譯註
4　孫正義，日本微軟集團創辦人，國際知名投資人。

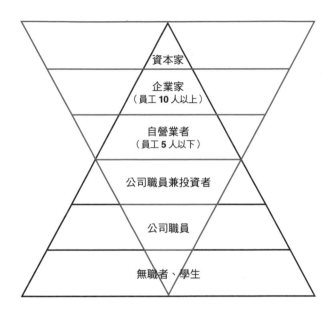

下一階段是「企業家」，擁有正式員工十名以上的經營人士就是企業家，當中位於最上層的人就是三星集團的李在鎔會長。

再來是「自營業者」，他們是擁有正式員工五名以上的自營業者，從醫師、藥師等專業自營戶到沒有正式員工，主要以外包形式營運的業主為主，這塊領域的人相當多元，

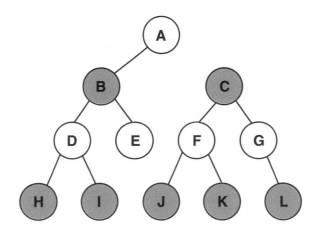

　這一群人的特點是不會雇用過多的員工，而是活用本身的高級勞力賺取報酬，代表人物是擁有數十到數百萬訂閱的Youtuber，從上班族變成自營業者，然後晉升到企業家。

　資本家與企業家皆有「家」字，企業家將工作派給一～二級供應商（自營業者），在那之下工作的人就是「公司職員」。

公司職員有一代表「人員」的「員」字，代表是公司的人員，當然有著上下階層的區分，其階層關係為「大股東－社長－職員」如前一頁樹狀圖所示，公司職員就在這樣的樹狀圖內生存。

接下來讓我們看看金字塔最下層，六個階層的底層，也就是最多人所屬的領域，雖然是最沒有權力也一無所有的人們，但也是一處充滿希望的領域。成功的事例皆是從這裡展開，得益於父母資產，身為富二代的人們不會有這種勵志的故事。

我會建議煩惱職涯的年輕人不要接受父母的幫助，自力更生，也告訴他們有些年輕人因為不愛惜父母給予的資源，因此失敗收場的案例。自底層開始腳踏實地建立地基，再躍進大千世界的過程，沒有比這更為無價的學習經歷。這樣的人可以獲得任誰都無法傳授的珍貴經驗。我也勸告父母，別想坐視把小孩獨自放在岸邊，請繼續相信孩子，並且告訴他們「送孩子去當兵時，雖然滿心擔憂，但不都平安回來了嗎？」

世界告訴你職涯為何的方法

　　我們看了六個階層的結構，各位現在在哪個位置呢？有可能是無業者或學生，也有可能是公司職員，也有人已在經營自己的事業，或是在商場上的企業家。即便如此，我相信仍有許多人對於未來的職涯選擇有著不小的煩惱。

　　「我該做什麼工作養活自己？」

　　「現在上班的公司適合我嗎？」

　　「曾經營的事業沒有得到理想中的結果，該怎麼做才好？」

　　我聽過許多這樣的問題。

　　關於個人的職業生涯，坦白說，這個世界會告訴你，至於透過什麼方法，就是用「錢」。在好運的時期請努力嘗試各項事物，那時自然會明白該從哪個方向前進，同時也會做出決定，過程將會如下。

1. 世界會告訴你職涯，彷彿提示你這個方向可以賺錢似地會突然擁有一筆收入，而方向有可能是投資不

動產，或是經營事業。有很多種方向對吧？

2. 相同的狀況會不斷發生，若是你擁有相關能力，更無須擔心。

3. 可以將這個方向視為你的職業。

感覺得出來嗎？因為要經歷過這項過程，所以找到「可以賺錢的領域」為止前必須付出努力，如果以找不到該領域作為前提，那麼我們更加需要進行豐富的挑戰，如此一來，終將在自己的運裡找到最佳的賺錢工作。

迎向「好運時期」並且全力以赴地「挑戰」，然後請仔細觀察結果，要你睜大眼睛尋找財富的方向，那裡正是各位的職涯，這項方法無關各位現在位居哪個層級，適用於所有人。

希望各位一定要找到適合自己的職涯方向，並且跨越層級。自公司職員至自營業者，到企業家，甚至成長至資本家。登上財富列車的方法將會在之後的篇章詳細說明。

往外推，再拉緊

運氣正好的行動法則 vs.
運氣正差的行動法則

　　我經常把人生比喻為有骨炸雞。外送點了一隻雞，因為不喜歡乾澀的肉質，所以從雞腿跟雞翅開始食用，但最後仍然必須要吃雞胸肉。

　　人生也是如此，有能大啖喜愛部位的階段，也有非得要吞下不喜歡部位的階段，差別只在於哪個階段先來後到而已。

運氣上升時的行動法則

　　人生初期吃了很多討厭的雞胸肉後，那麼可以吃喜歡的雞腿與雞翅的階段就會來臨，不再需要吞乾巴巴的肉；相反地，若是人生初期吃了許多好吃的雞腿與雞翅，那麼現在就剩又乾又柴的雞胸肉了。

　　無論是誰的人生都雷同，在某個期間裡運勢往上升，下段期間就會往下滑，或是先往下滑後往上升。要在當下做出最好的選擇，持續前進，猶如前文所提，請持續與人建立關係、累積經驗。

　　長遠來看，比起由上升轉為下滑，從下滑成長為上升為佳。那些能擺脫原先的厄運，逐漸昂首闊步迎接好運的人相對比較幸福。很多人在好運後接連面對厄運時，精神上難以支撐如此的衝擊，「為什麼這種事會發生在我的身上？怎麼可能」無論如何也不敢相信，眼前的現實令人難以接受。

　　我提到許多次，最重要的是在好運來臨的期間，只要機會降臨，無論是什麼皆動身去做。即使在投資的領域也

一樣，在半年左右的時間從事各項投資，便會知道自己擅長哪個領域，或是哪個項目表現優異，也就是說，具備能看出賺錢方法的視野，集中火力發展，必能得到豐盛碩果。

　　若是在公司上班的職員，此時個人的運勢會超過公司的運勢，進入運勢寬裕的區間。

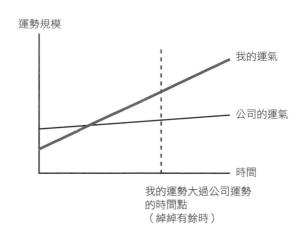

此時該如何活用運氣成了重點，雖然也可用在上班時候，比如無需等待公車或捷運，馬上可以上車或轉乘等微小的幸運時刻。但也可以用在更重要、更有意義的機會之上。

運勢上升時，可能的機會將會發生在各個方面。身處在這個期間時，斜槓、投資、自營業、戀愛這四個領域特別順利。請將多餘的運氣，當作自己的錢財般運用，那麼你該做什麼？當然要做兼職和投資，更積極的人還會跨到做自營業者，雖然每個領域有些許差異，但在運勢上升時，大部分都會擁有正收益。

　　進入運勢豐沛期間的人們，將能發揮一直以來累積的勤勉與努力，換句話說就是遇見了升級人生的機會。因此請迎接所有的機會，即使不順遂也沒有關係，等待下一次機會就好，直到不通順的路變得順暢之際。經過幾次的正面迎戰後，會感知這件事是否能繼續執行的「信號」，最後將會找到真正的目標。

　　那麼現在講述關於斜槓這件事，對於我們父母親而言，總是希望子女能找到一份安穩的工作，在他們的年代，人民追求一輩子的職場，托他們拚命工作的福，讓韓國的經濟得以擁有現在的地位。1997 年韓國貨幣危機，以及 2008 年雷曼兄弟所導致的全球金融海嘯等等，成了二戰後嬰兒潮世代更加鞏固「安穩為優先」的理念契機。因此嬰兒潮

世代對子女們灌輸應該要當醫師或律師等專業人員，或是要考取公務員或進入大企業才有出路的觀念。

　　但被稱為 MZ 世代的 20 ～ 30 歲的年輕上班族們的想法已經不同。大多數人為實用主義者，對他們來說，比起任職於大企業，或當公務員、專業人員，更在乎的是「對我有沒有幫助以及賺錢與否」。

　　因此開啟斜槓生涯同時進行投資的生活成了理所當然，白天是上班族，晚上是外送員，凌晨是電商賣家，這樣的生活有何不可？再加上若是進入了運勢上升的時期，可看見許多可能性的發展，什麼都嘗試就相當重要，我認為這種實用主義擁有可以改變世界的力量。

運勢下滑時的行動法則

　　我經常對因為事情不順遂前來找我諮詢的客戶說這兩句話，一是「斷念」二是「接受」。雖然會特別給予更具體的建言，但其實那種積極的建言可以用在好運時期，對

於運勢走向下滑的人來說是以這兩句話為主。

那麼我為什麼會強調斷念與接受呢？可惜地是，世界上的吉與凶之間，凶的數量佔據更多，而且當進入凡事不順的階段時，能做的事情真的沒幾樣。

厄運期間裡不要想著「即使如此，我還是要做點什麼」。對於全新的事業，請架構基本構造就好，投資也請虛心學習即可，也不要想著換工作，先把目標訂為可以繼續工作就好，在不順遂的期間，只要認真的準備自己並且撐下去，很令人意外吧？是否感覺應該要更認真做些什麼才對，老實說我到現在為止，比起好運的日子，更多時候是準備自己，迎向未來的日子。

厄運法則總是可怕地如影隨形，使人徹底發揮人在衰，做什麼都衰的能力。許多時候我們為了去超市買某項物品，結果卻買了其他的物品，有時會心想「買了之後感覺也不錯」因此感到知足，也有後悔「為什麼要買這種東西」的時候。人生也是如此，運氣好時偶然選擇的東西會呈現好結果，運氣不好時就會出現相反結果。

不過請正面思考，這些過程都有助於往後的日子，一

旦進入好運區間時，能排除那些曾有不好結果的選擇，只選那些好的選項，況且人並不會一直處於厄運狀態，所以在感覺不順時只要想著「來到這個時期了啊」就好，我們也需要可以坦然接受的內心餘裕。

與好友們久違相遇的場合，大家看起來都很快樂，唯有我鬱鬱寡歡，或是討厭的上司反而得到升遷機會，讓我深感受傷等等。沒事的，現在只是需要經歷這些過程的期間罷了，請不要閃躲也無須感到痛苦，請用看待他人人生般的第三人稱角度看待即可，當作是調整節奏的期間，集中精神照料自己的身體與精神狀態，以長遠來看，這種休息期間也是人生的重要時期。

有人會在這段期間，因為工作不順就換工作或轉換產業，我再次告訴各位，請不要這麼做，請記得「在運勢下滑時，無論做什麼都是無功而返」。請在季節更迭前靜候時機、接受現實，這才是上上策。

但是也別因此感到挫折，因為心知肚明這一切終將有結束的時間點才要等待，這與原地放棄是兩回事。並非徬徨無助的迷路，而是做好現在該做的，平安地度過每一天，

接受在這段期間以內，無法多作其他事的事實，就是我口中的斷念與接受。別永遠傾注百分之百的努力，記得跟著運勢走向，調節輕重緩急。

當季節轉換、節氣改變時，就會得知我要經歷什麼期間，既然如此，請做可以在該期間內所做之事，好運則行好運的作為，厄運則行厄運的法則，當該期間結束時，請再次校準方向，這就是在運勢變化間可以帥氣衝浪的方法。

認真衝浪後，等到下個季節來臨時，就努力執行原先的目標，此時也不要太過期待，如果還沒有進入運勢上升階段，可能就只是被忽略掉了，人生是不會按照寫好的計劃進行的，說不定跟著當下的運勢，認真過活才是真正的人生寓意。

搭上浪潮的
另一種方法

克服陰影

「我對於投資不動產有陰影。」

「我對於人們有陰影。」

我們在日常生活經常使用「陰影（Trauma）」一詞，但並非以醫學角度來使用這個詞彙，大多在遭受心靈創傷或自尊心受損的狀況下會稱為「陰影」，國家辭典關於「陰影」是如此定義。

「對於精神狀態持續施予的強烈情感衝擊，有可能成為各種精神障礙的原因。」

我在這裡也不用醫學角度的概念講述，而是用一般認知的概念與各位分析。

聽了相同的話，不同反應的人們

或許有人會摸不著頭緒，明明在講「金錢與運氣法則」，怎麼突然提起毫無關聯的陰影。錯了，兩者有關連，陰影與我們的金錢與運氣是有關聯的事物。

首先讓我們來看該怎麼處理陰影。運勢與本身的狀態可視為兩種變數，聽見相同的話，有人會發怒，有人頻頻點頭，也有人視其為改變的契機。會出現相異反應的理由是因為各自的運勢狀態，與此生累積而來的知識背景和價值系統的不同所導致。

我們通常經由價值系統來保護自己的精神狀態並且說服自己，轉換價值系統的主要契機有兩項，第一項為教育，

第二項為特定事件。

教育帶有正面意義，事件則常被視為轉捩點，貼合面臨的情況和所處的時代的教育和事件，可以帶給一個人良好的影響力，並且使其掌握在社會裡應對進退的方法。因為厭惡父母吸菸的煙臭味，因此絕對不吸菸的人正是解釋這件事的例子，然而問題是當運勢低劣的時候，無論是教育還是事件，這影響力都會往不好的方向發展。

解析命盤的同時，會遇到客戶感到慌張的時刻，此時多半是因為刺激到內心的陰影，才會顯露這種反應。

「男性的桃花運較弱，初期運勢較差。」

「我沒有結婚的念頭，也不是因為想結婚才來的。」

我只是提出命盤裡的事實，但為什麼客戶會間接表達不悅的反應，之後的對話內容如下。

「雖然之前沒有好結果，但以後還有一次與正緣的結婚運，那時候可以做決定，之後繼續工作也沒問題。」

此時客戶的反應會是如何？回答「我說了沒有結婚的念頭」然後生氣嗎？回答「才不要，結婚的話我的工作怎麼辦？」或是感到不耐煩？不是的，大部分都會感到很開

心，因為對方不是討厭結婚，而是之前放棄了結婚的想法，當我告訴對方以後還有正緣時，相信任誰都不會輕易拋棄希望。

很不可思議吧？當事人其實明白自己的心情，只是在人生歷程裡，透過學習的背景知識與價值系統，讓其作出結婚不易的判斷，明知如此卻只能放棄的無奈，造成當事人心底的傷口。而當我根據命盤提出事實之際，當事人猶如被暴露弱點，感到自尊受創、心情不佳。

對應傷口的方法

總之，經歷過不好的事情，並在心裡留下了傷痛，那麼我們要抱傷直到死亡的那一刻嗎？

1. 永遠心懷憂傷。
2. 在某刻忘記傷痛。
3. 克服。

第二項情況並非陰影，陰影的痕跡不會只留存在記憶裡，也會留在身體裡。光是想像「辣味的辣炒年糕再加上辣椒素」這句話，是不是有人已經覺得頭頂在冒汗了？留在身體的記憶是可以實際顯現的。

一般而言第一項情況最為常見，人們會一直記在心頭，然後想在運氣變好的階段先解決這個問題，現在告訴大家我的故事。

我在二十六歲是開現代汽車的 Accent 車款，我與當時的女朋友一起走在路上，看到捷豹的車，開口讚嘆「哇～真的好帥，好想跟妳一起開那台車兜風」，結果女朋友卻說「依你的能力買不起吧？那種車很貴」。

之後每當我看見捷豹都會想起那位女朋友，然後下定決心這一輩子絕不要開捷豹。然後我在二十九歲時存夠了錢，比起買房子，先換了車子（哼！）

女朋友的一句「你沒有能力啊」雖然傷到我的自尊心，但我為了證明自己是有能力的人，堅決自己的內心，使受傷的自尊心得以恢復，我們也一樣，原本是第一項情況，直到運氣轉好時可以來到第三項。

那麼人只有一個陰影嗎？想必人有很多陰影的，變胖、不會讀書、矮小、面貌醜陋、買不起等等，真的數不盡，人生本身就是陰影，逐一安慰自己、填補空缺的過程就是克服，解決陰影的過程就是淨化，其成果能加強自尊心，也可以提高滿足感。

那麼這種時候何時會降臨，宏觀來看，要到好運期間才行，等待遇到解決陰影的時間，然後繼續前進。我們經常聽聞因為親生父親而頻頻受傷的人，最後遇見可以溫暖安慰自己的男朋友，才得以克服創傷，替陰影畫下句點的故事。

陰影變為成就的四個階段

當一定水準的陰影解決之後，再來就能制定人生真正的目標，進入向社會展現自我本性的旅程。在這裡再次告訴大家我的故事。

我五歲的時候，似乎有些眼瞼下垂，媽媽讓我進行了

割雙眼皮手術，但在長大的過程裡一邊的縫線脫落，變成大小眼，學生時期經常被戲弄，現在也仍是我過意不去的地方。

但在我長大後看新聞得知有醫師志工團在巴基斯坦進行免費的復明手術，這則報導在我的腦中長達好幾個月難以忘卻，之後我設立了人生的目標，我的目標就是建蓋一座眼科醫院，透過復明基金會回饋社會，讓這樣的系統可以運作順利。因為母親的判斷錯誤，導致被縫了雙眼皮後的兒子所立下的人生目標，相當有趣吧？

那麼來整理一下，陰影只要依循下列的順序就能改變為吉運。

1. 陰影產生，積累在心。
2. 運勢好轉，陰影的狀態漸緩。
3. 立定人生裡更大的目標與希望。
4. 透過成就，得到滿足與幸福。

請接受有陰影的自己，為了未來可以解決的那天來臨

時，現在無論再微小的努力都不要放棄，如此一來會在某個時候忘記陰影，開始考慮人生中更大的目標。

若是停留在「把未來志向寫在紙上」而已，那麼陰影也會原封不動地留存。想要克服陰影得要做到「為了未來的我能夠展翅高飛，需要制定計劃並且付諸行動」才能實現。

即使制定了計劃，真的實際付出行動的確需要強大的意志力與努力，有可能昨天進行得還不錯，今天就出了差錯，但沒有關係，不停下腳步，明天繼續努力就好了，直到臨死的那刻仍與自我陰影纏鬥的人生，正是超越自我界線的人生。

我每天也在克服內心的陰影，我大約有 40 個陰影，現在大概解決了 10 個，我也會不止息地與剩下的 30 個繼續奮戰。

當聽到某人說了某事，感到心情倍受影響，只要想著「啊，看來那個人碰觸到我的陰影了，原來我有這類型的糾結啊」，請以這樣的心態接受事實。

尤其在厄運期間陰影經常出沒，接受陰影是解決問題

的第一步。若是接受心理創傷後就能邁出一步，步向上升的運勢；但若是無法接受的狀態，對於陰影表現出憤怒與詛咒的態度，將會朝向下滑的運勢。

接受擁有陰影的自我後，下一步該怎麼做？現在無論什麼都得嘗試才行，什麼事都不做，就什麼事都不會發生，不管什麼做就對了，做了才會明白。而執行之後領悟了無法解決也很重要，至少以後該嘗試的選擇減少了。

請別害怕面對自我的陰影，當你發現因為對方的話語或是某種情況而感到傷心難過，那麼這個部分有可能是連自己也不知道的陰影。請認同事實並且專心克服與解決，單靠情緒的宣洩是無法實質解決問題的。

希望各位皆能解決內心的創傷，迎接成長至下一個階段的自己，我今天也期盼各位能擁有偉大的成就。

成爲月薪族，還是成爲企業家

運氣的上限與下限

「我可以賺多少錢？」

「我的可能性有多大？」

與客戶諮詢的過程，我經常聽到上述問句，同時也是令我最爲難的問題，這種事情真的已經天注定了嗎？答案是「正確」也是「錯誤」，的確命中注定，同時也未注定。

40 歲前賺取 100 億韓元的
某位資產家的故事

運氣的上限如何制定？取決於自己進行了多少次「挑戰」，你問這不是陳腔濫調嗎？不是的，請參考我的故事。

我認識一位人士，對方從二十一歲就開始打工，用儲蓄的錢開設一間網咖，賣掉後開了一間手機行，因為生意興榮，還開了三家分店，之後投入化妝品事業。但在敗得血本無歸後，轉為經營滑水事業，賺取資金後再次開設了網咖，現在做化妝品進口的事業，總資產超過 100 億。

該名人士周遭大約有五、六位朋友都是我的客人，他們的最高學歷都是高中畢業，這群人開玩笑說如果學歷高過高中畢業，就無法加入他們的圈子。這群人聚在一起所討論的話題是「這次應該沒問題，可以投資看看」，其口中的金額為 5 億韓元至 20 億韓元不等，代表手邊的流動資金就是如此的寬裕，進行投資項目的過程也不會超過一個月，做決定與實行的速度非常快速。

連續好幾年看著他們的投資模式使我感到好奇，該怎

麼做才能成為在 40 歲以前賺取 100 億的人。我很誠實地問出心中的疑問，那位人士的回答，就是獨具慧眼的最佳代表。

「我幾乎是出自本能地持續投資，從二十歲開始至今大約做了二十年。年輕時也曾一股腦地進場，結果傾家蕩產，但我現在懂得恪守規則，首先投入 1/5 的資金，沒問題的話再投入 1/5。當這 2/5 的錢賺到了 5/5 的話，再拿出當中的 1/5，投資新發現的產業。」

喔喔，各位一定認為比例是答案吧？雖然資金比例同為重要，但使我訝異的是另一項事實，那就是二十年以來不斷找尋下一項投資目標是件相當不簡單的事情，這位人士每次與我諮詢時，總是向我詢問最新的流行。

再來我注意的是對方的推動與實踐能力。不因單次投資，成功賺取利益就感到滿足，而是用 1/5 的資金挑戰下一項投資，不斷提高成功的可能性，想要做到如此，就必須帶著無論致力於何事都得要「使之成功」的鬥志，這種鬥

志並非人人都有。

　　他甚至曾經問過我經營整形醫院怎麼樣，我反問對方沒有醫師執照打算怎麼進行，對方回答「只要用人就可以了」。我瞬間恍然大悟「對他而言，沒有事物限制得了他」。他雖然只有高中畢業，以外送打工開始進入社會，但他卻沒有因此受限。他坦白說即使有因為不感興趣而不想做的項目，但從沒有因為感覺做不到就放棄的事。

從運氣的觀點來看
我們必須持續挑戰新事物的理由

　　我整理了與這位人士的對話之中所領略的六點哲理。

一、定期挑戰新事業。

二、煩惱前先行動。

三、遵守投資分配原則。

四、不確定時可以嘗試部分投資或合夥。

五、再次挑戰失敗的項目。

六、不單做適合自己的事，讓自己適應全新事物。

看起來毫無特別之處，但重要的是他實踐這六項原則長達二十年的事實，並且總是敏銳地感知市場變化，跟隨潮流，進而提高擊球率。意思是不斷改變產業，挑戰新事業是重要的條件。

那麼無間斷地挑戰新產業為何重要，挑戰從運氣的觀點來看就是不斷塗抹油漆的概念，油漆塗得愈多，厚度也就愈厚，當然會更強而有力。換句話說，隨著嘗試全新挑戰的次數愈高，就是反覆經歷運氣的過程，那麼自好運期間得到的幫助次數也會隨之增加。

有人比起挑戰更希望追求安定，將好運用在追求工作與生活的平衡。但如果已經在一間公司工作七年以上，必須審慎思考一下，自己真正想要的到底是安穩，還是躲避挑戰，只想處於舒適圈？倘若真的想要安定，那麼沒有任何問題，但倘若答案為非，你必須再次思考才行。

當我們只單做自己想做的事情，或是不學習其他事物，

很快就會活在淘汰的時代。因此我們必須不斷追求新知。然而我們所需的社會性學習無法從學校習得，學校只能學到基本功與社會模式，實務內容必須經由社會才能學習，在這樣的社會裡，若是本人不面對挑戰，那麼將無法真正得到收穫。

24 年的上班族生活 vs.24 年的企業家生活
擁有相同命運卻過著相異生活的人們

厄運會自動招來，但好運卻不會自動自發送上門。我們「必須做」某事才會有好事降臨。別開口問「我什麼時候可以遇見合適的伴侶？」，要自己與許多異性碰面，在這之中遇見與自己緣分相對的人。做事業或投資也是一樣，只會紙上談兵的人別問「我可以創業嗎？」好運不會空降在不付諸行動者的身上。

有一位在 24 年裡創業三次的人，有一位是在 24 年裡腳踏實上班，晉升至副社長的人。這兩位的資產大約差距

多大？少則四倍，多則可以來到八倍的差異，這兩位人士就是「擁有相同命運，卻過著相異生活的人」。

雖然乍看兩位的資歷，不禁讓人覺得「這兩個人都發展得不錯啊？」但是我看過無數次將四柱擴張至最大值以及觸碰上限的人們，因此我提議在公司上班 24 年的人，無論什麼項目都嘗試看看，但對方會露出不知所措的反應，對他來說，現有的情況無須多做什麼也無妨，無法理解我為何總是勸他做其他的事情。

實際來說，在好運持續的時間，不會有令人心生不滿的事情發生，也不用特意製造出需要打破僵局的需要，既然如此，也可以說為了尋求更好人生的革新與賭注是由「辛苦」作為出發點的。

透過自己的位置
得知命運的上限與下限

「我該繼續在任職的公司上班，還是辭職創業？」若

是有人如此問道，我會這樣回答對方。

「當運勢不好時，請以職員的身分留在該領域繼續工作，或是當運勢上升，能力值也增加時，就可以成為老闆嘗試各種領域的工作。」

意思是雖然要視運勢的變化進行，但也要努力提升各方面的能力值。欲提升能力該怎麼做？就是逐一學習與挑戰，也有人可以擁有更多的機會。

但每個人都有基本的運氣。俗話說「人生有三次機會」，但這句話是錯誤的，如果運勢不是處於下滑階段，那麼用基本的運氣也可以抓住機會，如果在這段區間做不到，只要等待下一個階段來臨即可，在 5 ～ 6 年的時間邊等待邊學習、準備自己，至下一個階段提升自己就好，那麼那些努力 10 年、20 年的人與滿足現況、甘願停留的人們，當然會活出不一樣的人生。

安穩並非一件好事，當某件事趨於穩定後請繼續策畫接下來的項目，至於要持續多久？請嘗試半年左右，如果還是不順利，那麼請等待下一個階段來臨時，這是提升運勢上限的方法，很簡單吧？

這一切都是為了讓革新與變化更加順遂的守則，你終於拿到薪水了嗎？恭喜你，既然完成了第一項任務，那麼請挑戰第二項任務「其他可以賺錢的事」，直到賺取 1 億年薪前不要停止腳步，持續帶領上升運勢就是活出人生的技法。

　　　　　　　　　　　　金錢與運氣的法則（2）：搭上浪潮

你可以超越原本的運勢

相互作用的法則 &
5 的法則

「這個可行還是不可行？」

前來諮詢的客戶有些人會直接開門見山地問道，省略解決問題的過程，一心一意只想知道解答。這些人的內心在想什麼？應該是不想浪費時間，不想損失的心情吧。總歸一句可謂「以最小的努力得到最大的效率」。

因此，希望結果能「按照心中所想」徹底實現，也就是相信無論何事，只要懷抱夢想都能實現。人類的內心確實會有這樣的想法，但我認為並不適用於大眾，能實現這種模式的人有多少位？若是真有只要祈禱就會實現願望的人，那麼我真的想反過來拜託他們，請改變我們現在身處的時代吧。

一萬小時對於運的影響

　　想必很多人讀過《一萬小時定律》這本書，一萬小時以一天工作八小時，一週工作五天的基準來看，大約是 4.8 年。

　　8 小時×5 天×52 週×4.8 年＝約 10,000 小時。

　　一萬小時在運氣的法則裡也是帶有重要意義的時間，若是人生中的大事，包含該事發生的年度，需要最少進行

五年才行，至少需要這樣長度的時間，才能充分經歷自我成長所需的基礎事件與情感[5]，要歷經我與事件、我與人、事件與事件後，才能真正知道屬於我的時間。

你問那麼熬過五年後一定能成功嗎？不見得如此，不會每個人都能擁有特別的未來，因為「最上階層的 3%」已是注定，但只要持續努力五年的時間，有可能在業界留下來，我稱之為「5 的法則」。

但許多人會期待只要執行五年的努力就能飛黃騰達，不是的，五年只是能存續於業界的「基本」條件。

那麼會有人說「就算再怎麼努力，也只能達到基本的階段，那幹嘛努力」，此話無誤，但是有可以超越自我基礎的方法，這就是我們需要明白的事情，讓我告訴各位具體的方法。

譯註
———
5 人類情感裡最重要的是喜怒哀樂惡欲，也就是俗稱的七情。

超越基本運勢（1）：
相互作用的法則

首先是與人的相互作用，從事與人互動的產業比起無須過多與人互動的產業的人們，在相同的時間裡可以獲得更快速的成長，事實上投資大師之中，有許多人在年輕時從事業務銷售的工作，為什麼呢？

因為與眾人應對進退的過程所累積的經驗，才能真正成為生動鮮明又實用的成長肥料，受用的不僅是好經驗，雖然過程中也會遇到貴人，但奧客跟愚笨之人處處皆是，無論是怎樣的職業，能與人直接對應並且累積的經驗，才能扎實地提升我們的成長曲線。

而相反是什麼？正是學校。不是義務課程，而是選修課程，在學校雖然也能學到很多知識與經驗，但在社會上與人實際應對，從中體會的「生動感」有著決定性的差異，與人互動的經驗，透過相互作用實現了社會化，但在學校裡學習的經驗只以單方向進行。

所以請別害怕與人互動、打破固有思維的事情，只要

世界給予機會，一定要積極爭取，與人們彼此交流，累積豐富的經驗，這是在業界裡快速成長的第一項祕法。

超越基本運勢（2）：
5 的法則

第二項則是有關於先前提及的一萬小時定律，無論從事什麼，只要持續一萬小時，也就是進行 5 年，在任何領域皆能達到基礎以上的水準，也就是「5 的法則」。

以平地開始直到成功需要 3 ～ 5 年的時間，在這段期間結束後，以 3 年為單位會改變週期，正是可以躍升至下一階段的時刻。我將用 5 的法則來看藝人與企業家兩種模式的躍升情況。

藝人在開始工作的時候有可能連續紅 3 年，然而企業家不同，一間穩固營運的公司，一定會在 5 年前後發生某種「事件」。

藝人與企業家為何有所不同？藝人的工作依名聲與人

氣形成變動，而公司則是完全仰賴資金與營運的變化，因此兩者的順序擁有些許的不同。

- 藝人：開始三年後成功，在五年後得到另一次成功。
- 企業家：開始五年後成功，每三年持續成長。

提供各位參考，計算年份時，本年度也要一併計算，而且藝人有時候是因為共同合作的其他明星而一起受到關注，不全然是因為自身的運氣，此點也需要提前知悉。

因此比起演藝圈，企業家也就是企業體的情況更加簡單扼要，我在寫書的同時也再次搜尋了知名企業的經營歷史。令人訝異地是全都在五年的時間點經歷成長的事件，然後進階成為當今數一數二的大企業。雖然看似單純地走自身的運勢，但全都在五年之際遇到好時機，成為強盛無比的企業體。

Naver

1998 年 創立 Naver 頻道

1999 年 設立分公司，招商引資

2000 年 收購 Hangame

2002 年 開發知識搜尋、於科斯達克上市

2004 年 成為科斯達克市價總額第一名的企業

Hanmail

1995 年 創立

1997 年 開始提供服務

1999 年 改名為「Daum」轉虧為盈，於科斯達克上市

三星電子

1969 年 創立三星電子工業

1973 年 收購韓國半導體的股份，進軍半導體產業

1977 年 製造彩色電視，首家進軍美國獲得法人資格的
公司

SKT

1984 年 創立韓國電信公司的子公司韓國移動電信服

務，承接車載電話與 BB call 的業務

1988 年 改名為韓國移動電信，開設行動電話服務

1992 年 成為第二大移動電信業者

Apple

1976 年 設立

1980 年 於那斯達克上市

Coupang

2010 年 創立

2014 年 導入火箭配送

2018 年 物流中心化

2022 年 轉虧為盈

　　我們熟知的企業幾乎會在相隔五年時面臨魔咒，此時隨著迎來怎樣的變化契機以及如何下注，將決定是否能再次大幅成長，也有公司由於無法跟隨運勢因此失敗收場。

　　創業後的第五年，或許就像一座跳箱，事實上我們可

以親眼目睹那些成功越過跳箱的成功企業以及失敗的例子。在特定期間累積運氣、在對的時間點下注，或是正面迎向挑戰等事情就是如此重要。

有人認為企業只要創出佳績，在業界奠定位置就可以持續維持下去，不是的。活下來的這件事本身太過艱難，因此若是在公司設立的五年期間可以在該產業生存，則不能處於安逸，必須動身朝向下一個階段才行，而令人慶幸的事實是只要堅持熬過五年，在那之後的升級不僅快速又能跳躍至更高之處。

聽了這些話，感覺如何？是不是想著至少要撐過三年，不，而是五年呢？即便不是藝人或企業家，其他職業、職種的人也適用於 5 的法則，熬過 5 的法則後，就可以用這段期間以來累積的基礎，搭上「列車」。

世界允許我們即使一直以來都從事相同的工作，也可以搭上列車，若是搭上這班列車，那麼將進入「加速」區間，也不會降低速度，這就是「恆常性」。

若是穩扎穩打地在「同一條路」挖了三次一萬小時的人，會是什麼模樣？當然會很美好啊！不必多說，首先這

條路必須是「適合我的路」才行。

　　當自己的運氣並非屬於最上階層的 3%，只要來到第三個區間就有一次扭轉命運的機會。若是在公司團體的人們，有可能會接到晉升的消息，若是自營業者，則有可能進行職種的躍升。

任誰都可以超越自己的命運

　　讓我整理一下超越自我命運的方法。

1. 無論何事皆持續進行五年以上。
2. 盡可能與多人接觸、累積經驗。
3. 重複第一項兩次以上，熬過它。

　　當沒有經過這些努力，就突然大紅大紫時，我們稱為「走運」。至少需要五年至十年的時間在同一個領域裡工作，才能稱之為自己的「本業」，致力十五年以上才能稱

為「專家」，這是不分行業都適用的模式。

我所付出心力的時間量，與我所相遇的人數，皆能塑造「超越基礎，搭上運勢浪潮」的情況。因此無論天生的命運為何，沒有人注定做不到，任誰都能立下基礎，並以此為基底，躍升更大的機會。請找尋適合自己的道路，並且勤奮努力持續下去。

若是從事某項工作 5 ～ 6 個月後，認為不太對勁時，請盡快轉換跑道，要找到其他適合自己的道路。至於轉換的基準為何？那就是「他人能否提供金錢給我」，也就是「社會是否認同我」，必須以此做為標準，冷靜判斷才可以，若是社會無法給予認同，那只能純粹歸類為興趣。當這個社會可以給予認可，並且有收入時，才能成為你的本業。

投資也依然，必須經過苦思，親身經歷後才能判斷自己適合哪種投資，要自己找出答案，才能有自信地立下決定，跟著他人投資只會心生懷疑，折磨自己。就算我告訴客戶「四柱如此顯示」也是一樣，請獨自找到適合的投資方法，並且持續努力十年以上，那麼你將不會說出「我因為運氣不好，所以絕對賺不了錢」。

感到不安代表你
做得很好

感到安全反而是做錯了

　　任誰都有煩惱與需要解決的問題，差異在於嚴重性是
否到了廢寢忘食的程度，還是短暫的情緒浮躁而已，各位
的情況是何種呢？

經歷問題才能得以成長

有客戶在問題發生後，面色發青地跑來找我說「我該怎麼做才好？」大部分都是受到過多的壓力，並且過度要求自己的人們。專家們將這種情況解釋為，由於大腦的信號出現不安定的狀態，因此形成壓力。

但相信各位也聽說過一定程度的壓力反而有益健康。其實我在不安的時候也會對自己說「若是能維持現況已經很不錯了」，雖然嘴上這樣說，不過心理卻不這麼想，因為得這樣自言自語才能消除一些內心的不安感。

可是不安仍無法完全消除，經歷過幾次類似情況的我心知肚明，不好的事好像即將降臨，不，確切地說是一定會發生，裝作若無其事地說大話只是刻意讓心情別如此消極。

更何況當壞事接二連三發生時，根本忙得昏頭轉向。但是不管怎麼樣，在奮力找尋問題的解方時，也要找空檔吃飯，補充體力，在稍微騰出空間的某一刻，就會找到一直以來苦苦追尋的解決方案。

「抓準趨勢，人生會更輕鬆」

沒有不犯錯的人生。好運接連、平坦無礙的人生是怎樣的光景？一路順遂固然使人快樂，但這種人生沒有成長的機會，即便運勢再好也無法成長，也就是那些會說「我現在沒有特別的問題」的人們。

但是走至上升運的人們會經歷以下過程。

1. 整體而言，曲線往右上發展。
2. 持續發生問題，解決一個階段的問題後，下一個階段也會發生問題。
3. 反覆解決問題，之後面對無數個問題，找到解決方案後，自動提高等級。

情緒會隨時改變，被情緒主宰的人生並非理智的人生。如果感到混亂，可以想著「啊，原來我現在的心情是這樣」，立即克制隨情緒擺動的自我，然後必須再次以理性的態度決定下一步，繼續往前進。

假使不這麼做，只是停留在原地會怎樣呢？比如用不多也不少的錢，思索著「要不要去日本玩？」或是「月租

套房整理的差不多了，接下來應該可以靠利息跟房租，安心過活了吧」。如果出現這種想法，那麼往後的人生也會陸續開始走下坡，我是如此認為的。

《秘密》一書曾經流行過一陣子，強調所想即能實現的積極心態，我身邊也有人表示「真的實現內心的願望了！」在我看來，是因為對方的運氣剛好對應成功，方能實現願望，也說不定當事人本身的願望本就不遠大才能輕易成功。

每當這種時候，我就想說「好，那麼請許願讓自己變成李在鎔會長那樣等級的人吧。」既然沒有人會許這種願望，看來每個人渴望的目標會依自身的情況有所差異。

不滿足與不安可說是帶領人類走向繁榮的要素，人類總是逐漸向更高境界發展，在每一次解決問題時就能得到禮物，一份名為成長的禮物，若是懷著不滿足或不安，呆站在原地或逃避，不可能有所發展。

立下在短時間內賺取 100 億韓元的目標，制定詳細的計劃買一棟登記在自己名下的房子，嘗試進行一週的股票交易，以各個擊破的方式進行努力，這將帶領各位成長至

另一個階段。

「無須多想，做就對了」

　　儘管目標並非能依照心中所願或以規劃的模樣實現，同時也會誘發壓力。縱然如此，如果不斷努力，將會產生毅力，最後超越目標，這就是勝負慾。現在規劃的事情沒有照計劃執行嗎？感到坐立難安？那麼代表你做得很好，請勿害怕經歷不安，那是你邁向成功的證據。

　　有人向金妍兒選手問道「練習的時候都在想些什麼呢？」，她回答「想什麼想，做就對了」。「做就對了」這番話讓人感受到難以量化的煎熬過程。我們會逐漸熟悉好運、厄運的分界線，根據你看待這條界線的心態，相對地也允許了我們跨越這條線，因此即便不安也不要停止努力，而且也不要因此鬆懈。

　　若是想回到開心快樂的時期，或是期望不再因金錢感到煩悶，抑或是找不到突破點，每天憂心忡忡，那麼各位

就正在進行可以越過現況的準備了。

　　有人說無法理解那些嘴上說想休息，卻又完成該做之事的人，那人其實是不想停止成長的人，因為退休是要在不想繼續成長時才能做的事。當然現在並非能隨心所欲就退休的世界，不過內心的退休是可以自己決定的，經歷過多次挑戰，了解自己後再決定也無妨，即使是一趟折磨自己的路，也但願不要放棄成長。

　　世上也有這種人，那就是達文西。達文西雖然是全方面的天才，但據說他管理日常生活時，也與一般人相同使用待辦清單。他認為尚未完全內化為自己的東西之前都是無用的知識，如此聰明的人也會每天制定計劃，並且確實檢查是否完成，或許正因如此才能締造流傳千古的成就。不僅是達文西，在其他領域嶄露頭角的人們也為了讓大腦可以支撐下去，不間斷地投注了驚人的努力，就像鍛鍊肌肉般，大腦也要接受訓練。

　　我們要不要也制定 10 個以上的計劃，並在全數完成後再次寫下 10 個計劃呢？還是先從 5 個計劃開始？想要完成計劃的壓迫感可以幫助各位。

有句名言這樣說「如果不按照所想的方式過活，最後就會按照生活的方式思考」。透過計劃對自己施加壓力，問題發生時以理性的思維與行動解決，並且透過解決問題所得到的事物，化作對於自己的信任。必須擁有這份信任才能計劃更遠大的目標，進而解決。這就是成長，也就是升等的秘訣。

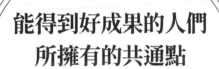

能得到好成果的人們
所擁有的共通點

實踐、大腦、運氣的
三角關係

　　人生是場實戰，沒有彩排，登上絕無僅有的舞台爾後退場的過程就是人生。甘地曾說「如同明天將死般活著，如同活至永恆般學習」。他鼓勵眾人每天勤奮地活著，並且不要放棄生命，因為你我是舞台上的主角，既然如此，人生重要的是過程，還是結果？

過程的意義，結果的意義

十幾歲時學習思考的方式，二十至三十歲則是學習過程，熟悉基本功的時期，也在這段時間實踐學習的知識，四十至五十歲時，結果最為重要，若是面臨不好的結果，就得受到「是不是連基本功都沒練好？」的嚴厲指責。

我的數學很差，光是翻開數學課本就會頭疼，共同數學這門課就連前面的進度也是好不容易才讀完，大家應該明白這股心情吧？只是一項幾何就彷彿算了十年的時間，但這種學習態度之後必定會造成問題。

解決問題的時候，必須要熟記錯誤的地方，這是為了不再重複出錯，而且不只是大腦，要反覆熟記連身體都能自動反應為止。我在出社會之後才了解這種習慣的重要性，尤其對於替人看命盤的命理師而言，更是一項珍貴的習慣。請想想看，我不是神，也有可能在看盤時判斷錯誤，每當那時我就會再次鑽研並且熟記，得以在毫無失誤的情況下解析命盤。

我有一陣子熱愛購買股票，在買進賣出失敗時我會努

力學習並熟記，儘管如此，在重新買入及賣出時仍會犯相同的錯誤。倘若想要將人生昇華至下一個階段，就必須解決這些問題，並且跨越。這裡的過程就是指再次鑽研、熟記、學習的時間，而結果指的是大考分數、財產價格、現在的社會地位等等。

好結果是過程扎實的證據

各位的想法是什麼呢？人生是過程重要？還是結果重要？我認為在學習的過程裡，面對自身錯誤的心態最為重要。不再犯錯的決心就是即便跌倒也想再次爬起的意志力。

朝向人生目標積極進取時，很少能按照計劃順利進行。會出現差錯，也會接連發生各式各樣的問題，這種時候會因為著急，打算文過飾非，延遲解決問題的時間，繼續前往下一個階段，因為認為進行的進度與速度相當重要，但是敷衍了事，這段期間以來的努力，就像用沙子堆疊出來的沙堡，很快就會傾斜倒塌。

人際關係也是相同道理。我們可能在不知情的狀況下傷害他人，那麼就要道歉並且解釋，解開雙方的誤會。「啊，好麻煩，不管了」如果抱持著這樣的心態忽視，那麼彼此的關係大概不久後也會結束，可想而知輕忽人際關係的人會面臨什麼結果，因此人生裡不時需要拼湊的拼圖才如此珍貴。

　　需經歷認同過錯、改正的過程才能得到美好的結果，學生時期我們的學習重點為找出正確答案，然而艱辛的情況在那之後才會發生，結束在學校讀書的身分，踏入社會的那一刻起，我們就必須為了結果而奔跑，發揮學習過程裡磨練的觀察力、分析力、判斷力，得出最佳的果實。

　　我們不在乎餐廳的廚房裡是誰負責烹煮食物，只在乎食物是否好吃。社會的評價也是如此，每個人用結果得到認可，很殘酷吧，以什麼方式進行手上的項目一點也不重要，不會有人過問是熬夜完成，還是只花了一個小時完成。

　　但倘若要取得好結果，我們必須踏實地歷經過程。雖然他人看不見過程，但好結果是顯現過程是否實在的證據，美國總統林肯如此說道。

「如果給我六小時去砍樹，我會用前四個小時將斧頭磨利。」

就連林肯也覺得為了得到最好的結果，把斧頭磨利是件重要的事情，切實思考過程的人，其效率也相對較高。

已經準備了好幾年了，不是嗎？

不過我與大眾的想法不同，以重要性而論，最不需要的反而是準備階段和事前的學習。這是什麼意思呢？有些人實際執行了挑戰，甚至經歷過錯，接下來該是需要掌握自身的弱點與不足的時刻，卻每次只顧著準備跟學習，而且持續好幾年間。

當我勸他們自己創業，卻只找來相關的資料，創業是只要靠資金與適當的運氣及實力就有可能的事情，他們卻因沒有自信，總是塘塞其他藉口，比如說會告訴我以下這幾句話。

「我還要多準備一下才行。」

「投資好像有點危險。」

「最近市場的狀況好像不太好。」

「現在太忙了，打算等手上的工作完成再開始。」

　　沒錯啦，知識就是力量，但最近的人們反而學得太多了，該進修的課程或等級難以細數，但是在學習過後，真正活用的人又有多少呢？

　　以最近成功的 Youtuber 與 BJ 為例，他們有哪些人是做好萬全準備後才開始的？都是突然閃過念頭，覺得那我也來試看看好了，然後得到莫大的成功。過程中若出現錯誤，就著手進行修正，隨時調整內容，把握機會。也就是說，數位時代的生活，即是能積極開創新局面，並且累積執行力，使其內化為自己的實力。

　　不要斤斤計較，先開始就對了。就算做好萬全準備，學習了豐富的知識也不代表過程就能一帆風順，這個世界上無法縮減付出努力與汗水的過程，並且沒有一蹴可幾的方法。

　　過程只是為了達成某項結果的漸進式變化，抑或是階段性的步驟，過程中理所當然包含過錯或失敗，但是韓國

社會似乎有輕忽這段過程的傾向，這是只要達成目標就能被視為成功人士的社會風氣所造成的意識。難怪俗語說「不管去哪，只要去首爾就行了[6]」。

　　縮減過程看似一種實力吧？雖也正確，卻不適用於所有人。每個人可以理解、接受、熟悉的時間不盡相同，看看大家小時候學習的多樣化拿筷子方法，明白了嗎？

　　若能快速了解這種過程並適應社會，無論何事都能順利進行，也有人將這樣的過程稱為懂事，但這樣的過程並非經過確實的練習，就能持續發展。順利與否，運氣佔了相當大的比例，若要跨越階段，持續走高，得要遇見最佳的運氣才行。

譯註
―――
6　無論去哪裡、做何事，最後只要能在首爾安身立地就是成功的象徵。比喻結果導向的群體意識。

不想負責任，只想過好日子

擁有最佳運氣的人，即使站在選擇的叉路也會出於本能地選出最棒的路，令人難以置信吧。這種判斷力只能被視為將實踐過程與洞察生活的能力連接在一起的技巧。這種類型的人當好運來臨時，已經擺出預備姿勢，做好跳往下一階段的準備，同時也能負起隨之而來的「責任」。

所謂「過程曲折」也意味需要承擔許多責任，讓人提心吊膽，腳踏實地經歷這段過程的人會發揮驚人的實力，也就是呈現出「天才性」，因為責任感可以刺激實力與本能。

無須負起責任的人生會使大腦感覺乏味，無法真正經歷瘋狂轉動、與本能產生衝突、分泌腦內啡、提高效率的沉浸狀態，也意味無法贏過實踐責任的人們。

拒絕承擔責任的人會躲在藉口的背後，然後妄想可以成功。假使事情不從人願，就一邊責怪運氣，一邊詢問是否有捷徑，一點也不想面臨挑戰，也就是俗稱的「錢多，事少，離家近」。

就像是不想花錢買樂透，或是只買一次就想中大獎的

人生。就像那些總是滿嘴藉口，不買房只租屋，最後當房價高漲時，便感到滿腹委屈的人們。反而那些無論房價漲價或降價，都不甚在乎，說著「唉唷，人還是要有間房子啊！」就置產的人們才會獲得意想不到的收益。

鑽研房地產好幾年卻從不出手的人，跟在烘焙班裡學了好幾堂課，卻不曾烤過麵包的人一樣。沒有挑戰的念頭如同一點也不想負責任，雖然令人遺憾，但這種人一輩子也掙脫不了這種情況。

付諸行動並且願意承擔責任的念頭可以改變運勢，會帶領你走向好結果。我們每天繃緊神經過活是出於責任感，而這份責任感也會極大化腦部的機能，因為想完成任務而發揮專注力。

躲避負責任的人生，最終也不會得到好結果，尤其是那些運勢不好，卻頭腦聰明的人更傾向逃避責任，那些人之後便會這樣說。

「是因為我能力好，公司才能有現在的成就，社長每天都在玩樂。」

這位不明白關鍵在哪裡，對社長而言，重要的不是每

天工作的模樣，而是承擔責任的模樣，負責任的行為是幸運兒的共通點。

　　那麼相反的情況會是如何？運氣差的人不負責任，但當事情順遂時就將功勞全攬在自己身上，社會職場上經常能見這樣的人。因此我們打從一開始就要展現得以承擔責任的領袖氣質。這股姿態的積累，將成為未來面對「極端運氣」時得以發揮的土壤。

　　挑戰，也能視作承擔責任，因此躲避挑戰的人也不要期待結果，因為那種情況絕對不會發生。

　　我也曾下定決心後，卻想說「啊，隨便啦」然後萌生逃避念頭的時節，但經歷這些過程時，我一邊摸索問題的線索，慢慢領悟道理，原來這些時間都是來幫助我的，雖然不是所有的事情都必定能順利解決，仍有許多無法解決的事情！但還是要持續面對挑戰！

　　我們會在某個時刻下注或是對某人展現實力、提高速度，或許有一天能挑戰神的領域。即便心懷恐懼也要一肩扛起責任，為了明天的自己，勇於挑戰吧，與他人的鬥爭一點也不重要，請開始與自我的競爭。

通往未來，
而非過去的方法

滿足自我實現的欲望

　　與前來諮詢的客戶交談的過程可以感覺出每個人的個性，理所當然地，在這些個性中也有特別明顯的幾種需求。

成長需求 VS. 匱乏需求

　　先前有提過馬斯洛的八層需求理論，我在此加上「位置行動模式」，這是我23年以來分析客戶後所整理的資料，請參考右頁圖表。

　　以馬斯洛的需求理論作為基礎，我把前來諮詢的客戶區分為兩大類型。

　　第一種類型是重視自我感受與判斷的人。例如著重在個人的幸福、自尊、滿足等匱乏需求的人們，有資格與他人相比，重視現在自己所擁有的位置、年薪、社會地位等等。

　　第二種類型是重視未來的人們，以理性的視角審視自己所制定的計劃是否能實際執行，總是思考下一步，以八大需求理論來說明，即是已滿足基本需求後，思索下一階段人生的人們。

　　如此區分類型，我就知道用什麼方式與當事人對談最有益，因為再怎麼有用的建言，若是對方不感興趣，怎樣也聽不進去。

　　金錢與運氣的法則（2）：搭上浪潮

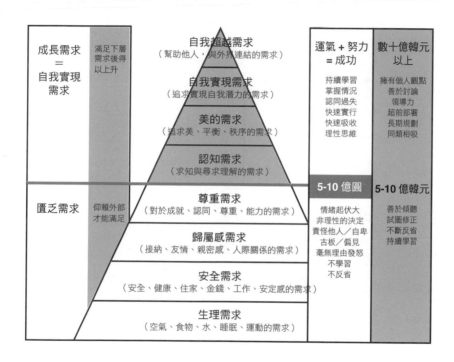

成長需求 ＝ 自我實現 需求	滿足下層 需求後得 以上升	自我超越需求 （幫助他人，與外界連結的需求）	運氣＋努力 ＝成功	數十億韓元 以上
		自我實現需求 （追求實現自我潛力的需求）	持續學習 掌握情況 認同過失 快速實行 快速吸收 理性思維	擁有個人觀點 善於討論 領導力 超前部署 長期規劃 同類相吸
		美的需求 （追求美、平衡、秩序的需求）		
		認知需求 （求知與尋求理解的需求）		
匱乏需求	仰賴外部 才能滿足	尊重需求 （對於成就、認同、尊重、能力的需求）	5-10 億圓 情緒起伏大 非理性的決定 責怪他人／自卑 古板／偏見 毫無理由發怒 不學習 不反省	5-10 億韓元 善於傾聽 試圖修正 不斷反省 持續學習
		歸屬感需求 （接納、友情、親密感、人際關係的需求）		
		安全需求 （安全、健康、住家、金錢、工作、安定感的需求）		
		生理需求 （空氣、食物、水、睡眠、運動的需求）		

● 馬斯洛的八大需求理論與位置行動模式 ●

「抓準趨勢，人生會更輕鬆」

驅動你的是何種需求

當我以高層次的角度刺激自我實現的需求時，第一種類型的人無法理解其意涵，只會不斷問著「我的問題出在哪裡？」啊，作為命理師的我也是會感到疲憊，每當這種時候我真想只跟第二種類型的客戶進行諮詢。

傾聽第一種類型人們的煩惱真的很疲倦，主要都是單純的生老病死，以當事人的立場而言當然是首次經歷，但仔細觀察人生，相同的模式早已注定了起承轉合，只是無法參透其道理罷了。這類型的人通常持有財產不多，就算擁有不亞於他人的財產，多半也不是自己賺取的。既沒有確認過潛力，也沒有真正感受過自我實現的需求，與這種人對話無法讓人提起興致，例如以下的對話。

「一定要理財嗎？我更好奇升遷。」

「一定要工作嗎？我在想要不要乾脆讀研究所。」

「因為我家老公一點上進心都沒有。」

但跟重視未來的人進行對話時相當有趣，能集思廣益共同制定各項計劃，也會描繪對方成功的模樣，很多時候

聊得忘記時間的流逝，如遇知己，不間斷地暢所欲言，對於正在進行的事毫無猶豫，判斷速度也很快。

擁有愈高的社會職責與地位的人，愈擅長各觀審視自己，他們對於評估自我定位相當明確，當然也明瞭自身的界線與能力。因此名片多少能看出一個人的人生資料，例如年薪超過 1 億韓元的人，能確實認知自己所站的位置，達到年薪 1 億 5,000 萬～ 2 億韓元左右，才會對自我實現的欲望感到興趣。

與人交談時，從對話內容就能掌握對方，這也是推估對方追求事物為何的最簡易方法。如果對話內容著重在滿足基本需求，那麼代表這些需求尚未被滿足。

我在一天結束時會逐一檢視填滿腦海的事物。今天吃了奶油麵包跟蛋糕嗎？有攝取碳水化合物跟垃圾食物嗎？打了多久的遊戲？有沒有因為沉浸在社群媒體，而忽視了進修呢？是否因為各式各樣的情緒，消磨了能量？等等。

另一方面我也會確認今天的工作是否確實完成，有沒有無法解決的事情？伏地挺身跟深蹲坐了幾下？總共攝取了多少的蛋白質？研究的主題得出結論了嗎？安排好明天

該做事項的順序了嗎？我會整理這些事情。

　　如此一來能看出這一天是按照心情度過的，還是按照實踐計劃度過的，目標固然重要，但生理需求也同樣重要，如果只專注其中一方，很快就會感到疲憊，體力會跟不上的，為了追求平衡需要同時照顧兩邊的需求才行。

如果你來到 30 歲後半段，
則必須全力奔跑

　　人生要平順才會無憂無慮、開開心心。如果我說了一句「啊，今天好像什麼事也沒做」那就代表我沒有滿足自我實現的要求。雖然與客戶諮詢了一整天，但那這是我一貫的工作，也就代表我沒有準備下一步，每當那天晚上就寢時，我就會感受到無比的空虛。

　　應該不會有人在下班後，認為自己今天該做的事都做完了吧？只要出生在這個世界，任誰都以謀生為基本需求，無論是危機還是轉機，每個人皆擁有人生的轉折點，想在

轉折點擊出全壘打，則需在社會的基礎活動中，進行下一步的規劃，並且每日解決一項事務，這種實踐的總和將能製造人生升等的機會。

有人將今日該做的事拖延至明天，明天也繼續拖延至後天，就這樣浪費一整年。舉例來說，有人播種後，每天細心照料，等待發芽，另外一人則是沒有任何準備，放任時間流逝。這兩個人誰會得到好結果呢？

一天的實踐內容有時顯得微不足道，但每天累積下來將化為驚人的成果。不過 20 ～ 30 歲的人當然更渴望追求基本需求，但是 30 歲後半至 50 歲之前，則需為自我實現奠定基礎。

正在閱讀本書的讀者如果是 30 歲後半，請仔細觀察自身的情緒變化，並且照顧情緒，需要培養自我控制的能力。控制力發揮作用的瞬間，可以產生自信感，自信感可以擴張成為自我效能，可說是自我管理的公式。

進入 50 歲後半段，已經滿足了自我實現的要求，將再次展開第二輪集中精神在滿足基本需求的階段，只要來到這個年齡層都會明白。

健康管理的重要性無論怎麼強調也不為過。可以告訴各位我的情況，工作時我會節制碳水化合物跟糖類的攝取，下午三點前食用，會大幅降低集中力，尤其若是有該專心的事情，我會完全不攝取。

　　希望各位在今天也認真完成自我實現的要求後，再次享受基本需求，結束這一天，然後在就寢前徹底放鬆奔波一天的身體，告訴自己今天也辛苦了，稱讚自己表現得很好。

2023 年為「春天」的年份

運勢上升時要撒種的理由

　　各位是如何制定人生計劃呢？「順其自然就好，幹嘛凡事都要計劃？」想必會有這樣的人，但是有必須設立計劃的特別時期，那就是「好運時期」。

寒冬離去，春日再次降臨

運氣這種東西，若是不做好迎接的準備，有可能會直接逃走。所以我打算告訴各位一些能派上用場的建言，雖無法適用於每個人的情況，但如果擁有下列煩惱的讀者，希望可以略作參考，這是我在 2022 年時聽到最多的問題。

「我打算做某事，可以嗎？」

「我想著手這件事，可以成功嗎？」

「我要轉調了，往後的職涯會有不良影響嗎？」

這一類的問題數量比戀愛煩惱更多，正在閱讀本書的讀者也可能心想「咦？我也有相同的煩惱」想必有不少人擁有類似的問題。

各位應該都聽過子、丑、寅、卯、辰、巳、午、未、申、酉、戌、亥等 12 地支，12 地支也代表鼠、牛、虎、兔、龍、蛇、馬、羊、猴、雞、狗、豬等動物。

同時也代表季節，也就是春、夏、秋、冬。寅、卯、辰為木與春，巳、午、未為火與夏，申、酉、戌為金與秋，亥、子、丑為水與冬。四季中代表土的辰、未、戌、丑為

連接前後季節的角色。為辛丑年的 2021 年是冬天，2022 年、2023 年、2024 年則是春天的年份，將這幾個年度以月分表示如下。

- 2022 年＝ 2 月
- 2023 年＝ 3 月
- 2024 年＝ 4 月
- 2025 年＝ 5 月

以此基準來思考，人們設定目標後即會期待出現顯著的結果，然而大自然是怎麼做呢？請觀察季節轉換之際，是以相當緩慢的速度，漸進式變化，凌晨冷颼的空氣徐徐預告冬天的來臨。

春天也是如此，2、3 月份時仍感受不到春天的氣息，心想已經春天，然後穿起短袖外出，想必會冷得發抖。但以季節的角度而言，的確已是春天了，我們要到 4 月才會漸漸覺得穿不住厚衣，然後在兒童節當天為起點，真正感受到春天的降臨，即使我們認為 5 月還是春天，但以季節

來說那時已是夏季。

請別休息，要不斷學習並實踐

　　節氣先出現變化後，人們便能逐漸感受，就像我們在 2、3 月會先買好春天的衣服那樣，2022 年、2023 年就是代表迎接春天的 2、3 月，我們必須事先撒好種子。我也從 2021 年直到現在就開始接受許多挑戰、努力耕耘，這些結果什麼時候會看到呢？

　　只要到了 2024 年、2025 年便能看到顯著的成果，所以現在的耕耘相當重要，明年也是耕耘的重要時機，即使不知道自己擅長做什麼，可以四處學習、嘗試，立下目標、設定計劃。

　　這個時機需要丟棄「我要一次就押對寶！」的想法，當他人在播種時，也請一同播種，種子是否能順利成長為新芽，須經由時間判定，所以即使準備不周也請持續面對挑戰，雖然我也相同地解決挑戰與努力耕耘，但其實我並

不知道目標可否成功。

無論結果為何，世界都會告訴你答案，**2023** 年帶有春天的節氣，因此請抱持著犁田播種的心情，正面迎向所有挑戰，這是開始全新領域的好時機。

想要得到「太棒了，太好了！」這種感覺，須至 2024 年、2025 年才行。那時是開始發芽茁壯的時期，也會得知方向是否正確，所以得先嘗試看看才知道吧？

而且這時適合將可能成功的目標與未知數較多的計劃進行分流，藉以提高效率。

2023 年是必須撒種的年份

依據迎接環境變化的姿態，我將前來諮詢的客戶分成兩種類型進行說明。

1. 沒有任何打算，過著與去年相同的生活模式，也沒有結交新的人際關係。

2. 著手投入新工作，但感到茫然，結交許多新的人際
   關係。

   第一種類型的人真的如敘述，心中沒有任何想法，第
二種類型的人則是依當下的運勢，在道路上前進的人們，
他們撒下許多種子，不知道這之中有哪些種子能存活下來，
必須等到如同 4、5 月的 2024 年、2025 年才能知道。播種
插秧的時機是 5 月，那麼以這樣的農夫心態於 2023 年播種，
2024 年、2025 年茁壯，那麼來到 2026 年與 2027 年時想必
能開花結果了吧？各位將能得到想要的結果。
   想依照大自然的時間進程生活，這是最簡單的方法，
只要根據年份計算季節即可，雖然有人並不關注這種節氣
的運勢，但建議可以偶爾嘗試看看，有時候我們需要順應
自然的法則，如此一來，經歷兩年的過渡期，三到四年的
計劃便會自然而然地確立。
   但有一點需要注意，在 2、3 月播種時，還須熬過春寒
料峭的侵襲，所以 2022 年與 2023 年是宿命的期間，若是
要真正感受溫暖的春季，至少需要等到 2024 年的秋天。

金錢與運氣的法則（2）：搭上浪潮

有沒有人在歷經 2022 上半年感到思緒不寧的呢？這是迎接嶄新節氣時會感受的現象，既然感受到如此不簡單的節氣，那麼是不是更應該奮力喊出「加油」，勇敢挑戰呢？

金錢與運氣的法則（3）：
扭轉運勢

「任誰都可以加入通往財富的道路」

有天我突然頓悟，
「要行動，運氣才會進來」，
我必須付諸行動前往心之所向，運氣才會隨我跟上。

該如何加入財富的行列

上班族以及企業家

　　世界日新月異，每天皆處於革命的時代，若想迅速應對，則必須持續進修，最近能有這樣的態度就是能力的展現。

　　我可以從客戶的回答內容，推估其擁有的財力，從說話的態度就已經相當明顯，若是不自主學習、疏於努力的人，思維也陳舊乏味，那種人不可能吸引財富。

跑道（1）：
將投資視為第二項職業

其實自身的能力是依據「人們能否給予認可」而下定論，但認為自己擁有判斷自己的能力，當事情無法照心中所想的進度推進時，那就代表自身的實力還有一段差距，即使惱羞成怒說出「你憑什麼斷定我？」，我也束手無策。

就算實力再怎麼好，每個人仍有稍嫌不足的領域，若想在資本主義的金字塔內往上爬，就必須解決這個部分才能前進，成功的投資者或企業家在二十幾歲時以業務員踏出第一步，富含重要的意義，據說媲美股神巴菲特的地位的避險資金教父喬治索羅斯，也在二十幾歲時以超市售貨員的身份工作。

資本主義的社會裡，財富的階段是上班族、企業家、資本家等順序往上，但是這其中還有一個階梯，那就是投資家，現在這個世代已經可以認同投資為一項職業了。

有愈來愈多人一邊過著上班族生活，一邊將投資作為第二項職業，尤其經歷新冠肺炎的疫情之後，二十到三十

歲的世代所面臨的經濟衝擊格外明顯，也有人鑽研股票，進行小額投資，將其作為全職工作。

所以我建議想要嘗試投資的人，可以先審視所處的領域（無論是上班族、自營業者、企業家）以及投資的可能性。這是積極反映時代變化的諮詢內容，我想大家應該也能猜到，我在進行諮詢時不會簡單說出對方適合哪種職業的原因了。

跑道（2）：
從上班族成長為企業家

前文以具備的能力劃分出六種階層（資本家、企業家、自營業者、上班族與投資家、上班族、無業），當我和上班族們進行諮詢時，經常感到令人惋惜。

假使有人錄取某間企業的基層業務，工作能力得到認可，獲得升遷機會，晉升到部長的職位後，理所當然會渴望進入更高的管理階層，在金字塔內唯有以血汗的努力才

能攀上高峰。

在競爭激烈的情況下脫穎而出，成為高階主管的人們，由於經歷嚴厲的淬鍊，帶有優越的能力，可以在公司裡達到如此地位的人，大部分擁有自營業或創業的運，當我為此感到可惜，稍微透露幾句，大多數的人會說「唉唷～」並且揮揮手「我怎麼可能開公司呢」。

我則會告訴他三星電子李在鎔會長的故事，問他們如果李在鎔會長跟 SK 集團的崔泰源會長如果創立炸雞事業，會不會成功。大家都會莞爾一笑，應該不會失敗吧，沒錯，可以在單一領域得到優秀成果的人們，對於其他的事是不會心生畏懼的。

這就是在一種業界裡獲得巨大能力的人，在其他的產業裡也能發揮其優秀實力的意思。但是由於本人沒有執行過，所以如此的好運無法展現給世界看到，實在可惜。

我在此書一再強調，當你在一間公司已經工作許久，能力也得到認可，請審慎考慮一下，我是否為自願止步於一名上班族的身分。

跑道（3）：
馬上躍升為企業家

有一項決定人們幸福指數的要素與金錢相同重要，那就是時間自主權。人們不會主動放棄時間自主權，也就是不想放棄主宰時間的權力，最近的人更是如此。我想把人的自主權也囊括進來，即是擁有權力決定要認識的人，有經驗的人都知道，能選擇與誰會見是項厲害的優勢，更是自由的權利。

可以最大限度活用這一點的人，不管怎麼說還是資本家與企業家等階級的人。由於資本家是平常人無法觸及的階層，所以通常會先夢想成為企業家，而有些尚未準備好的人會因為這些理由馬上開始自己的事業。

在諮詢的過程裡，常見許多想達成的目標與實際所佔的位置有著極大差距的情況，他們總是這樣發問。

「我拿到投資基金後想要做這項事業，會成功嗎？」

「我想加盟咖啡廳，可行嗎？」

我會冷靜地提供建言。

「由於您還身處在這個階段，我認為言之過早了。」

　　有時也會給予更冷酷的建言，我會要求對方從基層開始學習。必須得到他人的認可，我們才能爬升到想要的位置，同時也要培養能力。如果劈頭只問「我適合做什麼工作？」那麼我只能回答「有適合你的職業又能如何，對方也不願與你相互切磋」。

　　但是世界變了，逐漸有人不是從底層爬起，而是直接躍身為企業家，他們在好運期間快速移動位置，人氣 BJ 與 Youtuber 是最好的例子，以興趣開始的節目，獲得前所未有的歡迎，原本只是私下的興趣，卻從某天開始成為收入來源。遊戲、收集特定品牌的產品等以興趣為目的所上傳的影片，來到當今世代，成為了升級人生的跳板。當長期致力的領域迎接好運時，就會浮出水面，這是連當事者們也想像不到的結果。

　　現今只要像他們一樣在特定領域修行 10 年以上，就能躍身為自營業者。社會水平成了接納他們的土壤，不過好運並不會源源不絕。大約可以走紅一年左右，但在那之後若是支撐不住，很快就會消失在大眾的眼前。

得以維持長久人氣的人們，為了讓自己的生涯可以擴張至自營業或企業的等級，每天熬夜，付諸努力，就這樣累積幾年的成果，維持 3 ～ 5 年的時間，其地位就會愈漸扎實，也就是投注努力與運氣的果實。

跑道（4）：
「我的努力」與「時代的運」結合時

任誰都會在人生裡迎接幾次的機會，事先準備好自己，當時間來臨時，就必須換乘人生的跑道，並且需要擁有識別好運的視野。當工作增多或努力得到相對的獎勵或認同時，就是運氣在轉變的徵兆，此時更需要 24 小時不停下腳步才行。

當世界積極回應我所走去的方向時，就會發現全新的道路，從外送的「民族」、「洗衣特攻隊」、「這裡如何」等新創產業的成功例子便能明白，當事業順遂，名聲當然隨之而來。現在已非從前因為有名利，才有財富的正三品

官職時代，反而全然相反，因此可以活用資本主義的特色，將其作為提高自身地位與名譽的工具。

這個時代之下，無論什麼行業都有許多突破的機會，這是古今中外歷史上未見的優勢，再加上這些機會毫不受限，人活在這個時代，只要當好運降臨時就得馬上把握機會，沒有躊躇的理由。

沒有比實際挑戰更好的經歷，這是親身碰撞、打破極限的時間，犯錯後所得到的領悟，才能確實與其他人區分差異，不把握挑戰、無所事事的人生沒有任何出路。

大家知道 Naver 創辦人李海珍與 Kakao 創辦人金範洙都是靠三星 SDS 的內部創業制度，開始創業的吧？他們怎麼有辦法進行如此大的挑戰呢？是的，正是因為他們的格局與他人不同，他們原先在公司上班，直到創業運來臨時，緊緊抓住並且一躍而上，那為什麼這麼有能力的人需要到公司上班呢？我認為這是一個順理成章的過程。

恩希軟體的創辦人金澤辰是程式設計師出身，他在創業以前還參與了韓文文書處理器的開發，人生遭逢許多坎坷的軼事，但我認為這是需要經歷社會的各項事件，才能

成長的時期，豐富的經驗才能成為力量，絕對不會虛擲光
陰。

　　成功的經營家們用自己的方法學習、累積經驗。有人
腳踏實地，一步步往上邁進，也有人突然在某天功成名就，
乍看雖然有些許差異，但共通點是都沒有浪費好運，將其
作為成長與發展的機會。

不是第一名的運氣
也沒關係

累積許多第十名後分出勝負

「我有當上皇帝的面相嗎?」

這是電影《觀相大師:滅王風暴》的知名台詞。有許多客人會問類似的問題,例如「我有得到第一名的命嗎?」。怎麼可能呢,第一名可是極少數人才會有的故事,那麼該怎麼辦呢?難道沒有第一名運氣的人,連賺錢也要放棄嗎?

不是唯有第一名的
運氣才可以賺錢

其實這種煩惱是從我的運氣第二名，甚至是以下的名次為出發點。身高矮小、不會讀書，不只大考重考三次，就連駕照也重考了三次！甚至以步兵身分開始當兵，被選拔至通信大學，當過通訊兵，再當無線電兵，軍旅身分改變了三次！然後從高中三年級開始將日本音樂和節目錄製成 CD 販售，後來在龍山做電腦組裝的兼職，甚至往返仁川和青島從事代工的工作，到處做付出勞力的工作，也做過網咖的電腦組裝工作，更在 Comic World 當過活動打工人員，還在樣品屋擺了兩千張的椅子，是不是做了各式各樣的工作？如果是現在這個時代，我應該還會當外送員。

為了賺錢，所以將大學的休學制度當家常便飯，好不容易才在三十歲大學畢業，然後跟著運氣，選擇了一項志業，工作到現在。我在二十四歲之前做過無數樣工作，賺取收入。與朋友們相比，我似乎沒有賺得比較多，理由很簡單，因為我每天都用付出生命的方式去應徵高收入的打

工工作，我在釜山 Comic World 還曾連續工作 36 小時，當時只要給錢，我就奮不顧身地去賺，因為我要靠自己的力量養活自己。

由於我同樣地經常煩惱「自己為什麼沒有第一名的運氣」所以當運氣不好的人表示想賺錢時，無論如何我都希望可以幫助各位。因此我整理了兩項方法。

1. 不與第一名競爭。
2. 去做符合時代的工作。

舉例說明，年薪 2 億韓元的上班族多，還是年薪 3 千萬韓元的上班族多？當然是年薪 3 千萬韓元的人較多。年薪 3 千萬韓元的人們為了賺 2 億韓元，得要升級人生才能贏過年薪 2 億韓元的人往上爬，這就是弱肉強食的社會。

如果有人滿足於年薪 3 千萬韓元的現況，會發生什麼事呢？他們對於年薪 2 億韓元的人們一點也不在乎，只會想著「你們就好好過活吧」。但如果年薪超過 1 億韓元呢？兩者就成為競爭對手了。

關鍵就在這裡，既然不具備年薪 1 億韓元以上的競爭力，就沒有必要和運氣第一名的人競爭。與強運的人硬碰硬，只會白費心力，難以取得好結果。所以請放低眼光，以多項武器與世界鬥爭，這就是沒有第一名運氣的人們賺錢的方法。

不與第一名競爭：
獲取剩下的東西

　　最近是斜槓社會，白天在公司上班，晚上研究虛擬貨幣，網路商店若是接到訂單，就著手包貨。週末進修，藉以提高投資收入，由於朋友提議要合夥咖啡廳，則投入資金、找尋地點，參觀加盟博覽會。如何，這是不是周邊朋友的故事？各位即使不是能成為第一名的最強四柱，或是專業人士，請用這種方式繞道而行，嘗試各式各樣即使無須強盛運勢仍能帶來收益的事物。

　　你並非毫無用處之人，只是尚未將自己的用處展現出

來罷了，無論是什麼打工工作都好，用自己的能力去做吧。一邊進行正職工作，也試試其他人都在嘗試的小型網路電商，也前往參加投資聚會，聽取他人的故事。那麼月薪 300 萬韓元，並且經營 6 ～ 10 個打工工作之下，可以多賺 50 萬韓元及電商 50 萬韓元，以這樣儲蓄以來的資金開間小店，以每月賺取 100 萬韓元為目標，如此一來每月可以進帳 500 萬韓元，我就是如此度過 20 幾歲的人生。

我沒有做過正職的工作，由於沒有基礎的職業，因此以打工為主要工作，幾乎沒有休假，不過這樣打工累積的錢就差不多是上述的金額，這樣四處找事做，不會有人看你眼紅覺得「啊，這傢伙好像太厲害了」，我們不會跟第一名進行競爭，這就是「獲取剩下的事物」，所有人都能理解，反而可以得到幫助。

我原本在工地裡做拆模的打工工作，若是那份工作待得久一些，應該可以學到水泥技術，那些資深大哥們因為看我手腳沒那麼靈敏，教導我許多事情，每當這種時候請認真學習，誠實與謙虛的態度可以學習世界上的一切事物。

只是對於這樣每天不休息的男人的前女友而言，直到

現在仍覺得深感愧歉，在我 20 幾歲時，曾向女友問道想要什麼生日禮物，她回答「我只想要你有兩天的時間，注意力全放在我身上」，真是羞愧，直到現在回想起來，仍覺得內疚。

當以斜槓生活賺取的錢財，儲蓄到一定程度後，接下來可以減少打工，邁向資本家的人生。這裡也有一個重點，逐漸將身體的勞動換為腦部的勞動，用一樣的勞動但不一樣的方式，去嘗試經營店家或投資股票等等，那麼即使付出相同的時間工作，收穫的結果也會不同，大約是以下其中之一。

1. 從第 10 名上升至第 8 名，投入勞動力，提升平均收入。
2. 維持第 10 名，以兩份或三份工作維持固定收益。

這樣無須與第一名競爭也能提升資本，然後在運氣上升時瞄準特定產業，在可以賺大錢的期間入場，然後放棄相對性收益較少的工作，換取更多的時間，換句話說，原

本做四件事情可以賺 500 萬韓元，換成專心做兩件事賺取 1
千萬韓元。

做符合時代的工作：
半導體老闆與屠宰業老闆的四柱雖一樣，
卻有不同結果的理由

　　第二件重要的事就是「去做符合時代的事」。現今還
有許多父母希望孩子成為專業人士或是公務員，尤其是較
偏遠的縣市，仍有許多父母盼望自己的孩子可以從國際政
治系畢業，在聯合國工作或是當上外交官。但是世代已經
改變，賺錢的構造也有所不同，最顯著的就是 MZ 世代，
後面會繼續詳細說明。

　　半導體的二級供應商老闆與屠宰業老闆的四柱差不多，
皆是開公司與當老闆的運氣，但是兩者的收入有明顯的差
異，差別就在於是否符合當今世代的行業。

　　只不過現在這個時代的變化快速，不易預測賺錢的職

種，也就成了需要挑戰各項工作的原因。執行符合時代的事情，當某個特定行業與自身運氣的時間相互吻合時，就會大幅上升收益率，這就是從第 10 名躍升至第 5 名的方式，那麼到時候再把重點放在那件事，賭上人生就行了。那些從谷底開始白手起家的心路歷程差不多皆是相似的脈絡，還有一句不曾改變的話。

「我什麼工作都做。」

先前提及的打工工作們，若是做過三個以上，以男性的機率較高，較少女性會做過一個以上，女性大多會考取證照或往研究所進修，為了向社會展現自己的可能性，腳踏實地的累積準備。

同時也因為打工是白天工作結束後才能進行的工作，但這只是觀念與意志力的差別，很多事也可透過線上進行。也有透過網路電商販賣沙拉，賺到年營業額 60 億的 30 歲後半女性企業家，也有人從阿里巴巴買東西後再販售，或是經營海外代購等等。

首先，建議嘗試各種事物就是基於以上原因，由於自各方累積的過程有所不同，因此需要執行與時代吻合的各

項工作，以便在這段養成的時間裡持續發展，並在這個過程中找到自我的定位，通常這個過程快則 3 年，一般情況需要 5 年。我規勸各位撐過這段時間，但有許多人沒有熬過這段時間的意志力與耐心，所以才向我尋求一招必殺技。

他們並非打從一開始就是第一名。

影響我的人生最大的書之一就是鄭周永會長的《即使有試煉，也沒有失敗》，這本書有許多良好的例子，鄭周永會長自小離家，在仁川附近做著勞力工作與送貨工作，大約三年後存至一定的金額，剛才我不是有提到三年嗎？甚至他當時工作地點的店長沒有把店的事務交給親生兒子，而是給了鄭周永會長，努力與堅持會讓他人幫助自己。

即便他對於建設業一竅不通，但那時候是可以靠建設賺錢的時代，他二話不說開始了建設業，即是找尋符合時代的產業，再來則是自動汽車業、造船業等，不斷挑戰符合時代的產業，鄭周永會長曾經如此表示「不是因為做不

到而不做，而是因為不做才做不到。」

　　鄭周永會長是如何做到那麼多的挑戰呢？是因為他從小經歷了許多失敗，愈早經歷失敗才能培養「失敗又怎樣」的心態，在這挑戰與努力的過程裡，當每次進入好運期間時就能躍升自己的段位。

　　鄭周永會長也不是打從一開始就是第一名的運氣，所以各位也無須覺得「我運氣很差，一定賺不了錢」而感到失望。只要以第 10 名的身分不斷進行迎戰就好，找尋符合時代的工作，持續面對各種挑戰，在運氣來臨的時間提升至第 5 名，再來是第 3 名、然後第 1 名。我就是這樣爬到這裡的，各位也能成功。

仍像上一代那樣
老實過活的話

「獨立」的真正意義

　　第三章主要告訴各位關於改變運勢、搭上財富列車的方法，那為什麼在這裡會突然出現自父母身邊獨立的文章？這或許是件敏感的議題，同時依據每個人的狀況不同，也會有人產生深刻的共鳴。

　　若是想讓人生更上一層樓，即使不舒服，我仍有必須直言的部分，希望各位別誤會，仔細閱讀接下來的篇章。

父母存在的意義

對於孩子而言，父母是第一位老師，因為父母是孩子誕生後最先遇到的人，孩子隨著成長的過程會學習父母的言行舉止，若說育兒環境對於孩子而言有著最大影響也不為過。

到了國小入學的年紀後進入校園，遇見老師與同學，結交朋友，到了國中、高中、大學也是相同的模式，踏進社會將結交更豐富的人際關係，在這個過程裡也會與不合適的人斷絕關係，那是自我可以判斷與選擇的決定，但是與父母的親子關係卻無法如此，不能因為心生厭惡就更換父母。

前來找我諮詢的客戶有許多歷經離婚的夫妻，我在他們的身上感覺到許多共通點，我先向各位提出一則問題。

一、正在協議離婚，並且在經常吵架的父母之下長大。

二、於單親家庭中長大。

三、父母離婚後，其中一方再婚，與繼父或繼母一起

長大。

這三種家庭裡，哪種環境對於子女是最惡劣的？每個人的答案或許有所不同，但以我親身聽過、看過、經歷過的諮詢經驗來說為第一個，父母經常吵架的家庭。彼此不願離婚，不管怎樣都想維持家庭關係，令人心疼地是在紛爭家庭下長大的孩子，其離婚率也高，因為在成長的過程裡看過無數次父母爭執的場面，不可避免會受到影響。

建立人際關係時，我們可以感覺到自己會因對方的模樣進行改變，也就是會聽見他人說「你每次遇見那個人都會變得不一樣」。請想看看談戀愛的時候，與 A 交往時總是感到不耐煩，心情煩悶，但與 B 交往時每天都很自在、開心，隨著每個人的適合與否，關係也會出現變化。

夫妻也是相同道理，雖然說現實人生難免遇到意見不合的時候，但就是有特別不安寧的夫婦，不單純僅是因為經濟問題。有些夫妻即使生活拮据，仍能珍惜彼此，相愛相惜。問題是夫妻不和並非只是大人間的矛盾，也會將不好的影響帶給子女。

在此想謹慎地告訴各位，若已面臨無法維持婚姻關係

的情況，果斷離婚，找回平靜是更佳的選擇，對子女也是良好的決定。雖然有些建議會說再婚或是再度踏入戀愛關係會給子女帶來混亂，需要萬分謹慎，但我認為必須讓子女看到父母開心的模樣。也有許多子女相當支持父母找尋新的人生，任誰都可能遇到「因為與對方不合」而造成判斷錯誤的情況。

　　請展現遇見合適對象後變得幸福的模樣，即使與某人在一起時遭遇不幸，但請記得你仍可以與其他人享受幸福，別忘記任誰都有可能對孩子做出錯誤的決定，幸福根據對象的不同，有可能會產生不一樣的結果，請讓孩子認清楚良緣與孽緣的不同，別讓孩子留下對於結婚的陰影。

需要真正獨立的時刻

　　子女和父母都一樣，雖是親生子女，雖是親生父母，但也有八字合適與不合的情況，即使一方處處隱忍，也不會改變關係，不合就是不合，這種時候其實需要斷絕關係，

但親子關係卻無法這樣執行，方法唯有一項，那就是趕緊獨立，功成名就，對自己負起責任。

俗話說可以從子女身上看到父母的影子，父母對於子女的財產形成也有巨大的影響。為了與我洽談諮詢，有人會撥打電話，但作為撥打電話的發話者可能不知道，就我的立場而言，地域性居民在觀念上的差異相當明顯，我絕非批評其他縣市的居民，而是以我真實的經驗與各位分享。

若是以首都與其他縣市作為劃分，我感覺其他縣市的民眾仍保有許多老舊想法，例如希望子女可以當公務員或老師，像是會問「我家的小孩好像很適合當公務員，有這種運嗎？」。但居住在江南一代的人們幾乎不會問這種問題，尤其是江南、蠶室、木洞等地的居民，對於公務員或教師職一點興趣也沒有。

關於理財的態度也能看出差異，其他縣市的 50 歲後半居民會好奇「現有的不動產，每月可以收到多少房租？」但是住在江南的人則會對於投資領域積極發問。

嬰兒潮世代總共有三次機會，IMF 金融危機、金融海嘯、新冠肺炎疫情，有許多人在這個時機投資 1 ～ 2 億韓元，

大幅提高了自身的總資產。

假如各位的父母在這 30～40 年間對於創業或投資毫無關心，或是儲蓄至今的資產低於 10 億以下，那麼我勸各位盡早獨立生活，即使現在也不遲，請別跟父母學習投資，而是透過世界學習投資，並且理財。世界已經改變、時代也早已變遷，外頭多的是機會。

請透過下列項目，檢視父母過往的生活情況以及現在狀態。

1. 經歷對於全體韓國國民為機會的（IMF 金融危機、金融海嘯、新冠肺炎疫情）之後，沒有透過財產收益或變化而變為富有。
2. 老年收益僅有國民年金與基本年金。
3. 並非專業人員。
4. 不進修或運動，也沒有學習的念頭。

是否包含兩樣以上呢？如果有，請積極開創你的未來，我建議你脫離父母，獨立生活，孤軍奮戰吧，外頭的世界

擁有更多資訊，通往未來的道路更是豐富多元。

　　但或許你已經習慣了像父母一樣，對於金錢沒有過多的欲望和老實過活的想法。現在是需要能夠敏捷行動、快速判斷智慧的時代，依循父母要你老實度過一輩子的指導，絕對無法超過現在社會的水平。

　　來與我諮詢的客戶之中，有人從未嘗試過投資，僅有銀行儲蓄，也有許多人已是40歲而未婚，並且與父母同住。尤其當我看到循規蹈矩，以模範生身分過活的人更是備感心疼，他們在工作領域擁有優秀的能力，但在經濟或理財部分卻是一知半解，這是因為從父母的身上未曾學過相關知識所導致。

　　家境良好的家庭子女所受的教育相當不同，父母從小就培養孩子的經濟觀，請設想一下若是灌輸這些金融知識十年的時間，那麼與未曾接觸過理財的孩子們比較時，差異就格外鮮明。

　　各位都聽過一名日本學童自小學五年級就開始學習投資股票，賺到幾乎十倍的收益，成為小學生股神的故事，是否令人刮目相看？聽說他為了賺取利潤，每天早上五點

起來確認手上股票的走勢，並且逐一分析。

當無法從親生父母身上學習時，則需找尋大千世界的父母、老師、人生榜樣，世界不會事事都替你備妥一切，踏出家門有許多可以為你指引方向的優秀人才，請先從他們的人生智慧開始學起。

YouTube 影片也能成為幫助，有許多創作者嘔心瀝血製作的資料或方法，只要點開每個領域的頻道就能進修，時間一點都不會太遲，從現在開始仍能找到出路，你會深刻體會「原來還有許多我不曾知道的事物」。

MZ 世代的投資不一樣

在你猶豫的時間裡，
他們花更少的時間決定與執行

　　有兩個擁有相同四柱的人，他們一同來到了好運期間，
這時他們會做出什麼選擇？會做出相同的選擇嗎？普遍而
言會這樣想，但事實截然不同，即使是相同的四柱，對於
運氣會出現天壤之別的反應。

　　有兩個原因。第一、由於成長環境的不同，彼此的價
值觀與想法有異。第二、自 10 歲至 30 所經歷的過程不同，

造成落差。

四柱相同，運氣不同的理由

幼貓透過母貓學習狩獵，貓咪在第 5 週前後決定野性，如果第 2 週到第 5 週沒有與人類接觸，則會發揮野性，相反地，若是在這段期間接觸人類，其野性則會弱化，社會性增強；人類也是，根據成長環境不同，人生的價值觀也會不一，進而影響對於運氣的反應行為。

而且即便四柱相同，父母的四柱當然會不同，因此經歷的事件也會不一樣，有些父母會透過海外旅行，替孩子累積豐富的經驗；有些父母則會讓孩子自行解決問題。這些方法沒有好壞之別，最終皆會根據那個人的運氣反應結果。

我們能看到許多由於父親事業失敗，家道中落後又在某個時刻東山再起的例子，即使在相同環境下長大，也可能做出相異的選擇。有人會因為經歷過可怕的窮困時期，

因此比起讀書，更傾向賺錢，而另一個人則會覺得，活在世上本來就是酸甜苦辣，並沒有刻意地想賺錢。

根據大環境的變化，經歷的事件也會有所差異。例如1960年前後在嬰兒潮世代下誕生的父母，他們生命裡的吉凶與1980～2000年代初誕生的MZ世代所經歷的吉凶必然不同，像最近首都與外縣市居住環境不同，想法與價值觀就有所差異的現象也是如此。

「我是可以靠虛擬貨幣賺錢的四柱？」

隨著時代變遷，嶄新的技術、職種、觀念也不斷推陳出新，我的判斷範圍也需更加宏觀，比如說單看四柱似乎不容易賺取財富，但事實上對方卻透過虛擬貨幣賺得了數百億韓元。其四柱是無法擁有實質事物的運氣，所以房地產完全是死路，即使努力投資股票，收益也可有可無，然後他想想虛擬貨幣並非實際物品，一定可以適合自己，然後開始投入，結果真的迎接大豐收。雖然運氣可以在每個

人身上發揮作用，但另一方面來說，時代也可以創造收益。

　　每當我解釋這種內容時，都會感到不小的難處，客戶必須擁有某種程度的基本知識，才能進行說明，否則不知道該如何使之明白。當我躊躇不語，露出微妙表情時正是因為這個因素。

　　「您的四柱適合投資或虛擬貨幣，抑或是未上市的股票。」

　　「虛擬貨幣？我從沒嘗試過。」

　　「……」

　　「只要幫我算看看是適合投資不動產，還是股票就好。」

　　「……」

　　這些人從未透過父母、家族、周遭的人或環境，以直接或間接的方式累積相關經驗，所以已經處於「錯失機會後才出發」的不利環境。

　　這種時候就算我告訴對方，擁有相同四柱的人做出相關決定後賺大錢的故事，對方也不會有所反應。這種時候對方的腦裡會浮現這種聲音「把你已知的資訊都列出來，

我來選一個喜歡的」。那麼即使無論我怎麼費心說明，他也不會有所收穫，只會回答「是喔，好的」然後結束談話。

如果身邊有人因此賺到錢，以間接的方式接觸過會怎麼樣做呢？這樣的人在聽了我的建言後會馬上挑戰，然後無論結果的好壞，皆會再次來找我，為什麼？為了將他人的經驗成為自己的現實，需要重新設立計劃。

MZ 世代該怎麼賺錢

韓國社會的快速變化可用「壓縮成長」來形容，所以父母時代與子女時代所經歷的事件必然出現巨大差異，甚至連當今 60 歲的人與 40 歲的人，兩者的想法與經歷也截然不同。

現在 60 ～ 70 歲年齡區間的人，即使沒有貸款也能過上不錯的生活，認為「只要貸款，就會死」；而經常藉由投資賺取大錢的 50 歲人們，則是普遍認為要自己開公司才能賺得到錢；40 歲的人們則認為海外股票、虛擬貨幣等為

基本理財，曾經賺過錢的人對於貸款的接受度更高。

在技術與經濟發展如火箭般的今時今日，若仍像父母的時代，恪守固有的經濟概念或投資原則，會發生什麼事，前文也有提過，往後的資產差異將是天壤之別。

問題是就算 40 歲後半段的人，也已經難以接觸與接受全新的資訊或知識，或許因為在 30 歲時，對於經濟、他人、社會的概念已經固定成形，再說，也沒有人在明知難以改變的情況下還會刻意說服他人。他們會變成關在既定框架裡，沒有自主改變的意志也沒有改變的機會。

但是 1980 ～ 2010 年出生的 MZ 世代是如何呢？他們是在第三次工業革命的浪潮中，完整體驗了轉向數據社會的人們，這群人幾乎沒有經歷過無網路的時代，他們看待世界的視角與之前的世代完全不同，手機是基本用品，Instagram、YouTube 等社群媒體與 1 人媒體的發展，朝他們開啟了無限的可能性。

MZ 世代的特點之一，就是有許多人能靠著喜歡某物（鑽研喜好的事物或行為）得到成功，他們可以一邊因應時代的快速變化，一邊盡情展現個人的喜好與價值觀，同

時嘗試多元挑戰的時代，以前只有特定的階級可以獲得成功，現在以 MZ 時代為中心，提供更多人可以成功的機會。

　　舊世代的人執著追問自己適合不動產還是股票，當我提出 DeFi（去中心化金融）時，他們表示「那也一定要碰嗎？那是什麼？」相反地，MZ 世代則是會問我「股票、海外股票、不動產、虛擬貨幣，這之中哪種適合我？」他們熟悉手機交易，吸收資訊的能力不同於一般，做決策的速度也快。

　　自 2021 年夏天開始，有許多年輕的不動產投資客前來找我諮詢，從 30 幾歲開始投資不動產的人們，鮮少出現手下只有一間房子的情況，只以一間房子作為投資的人，大概在 100 位裡不到 7 位。

　　最近即使是 20 幾歲後半也有許多這樣的人，尤其是首都地區以外的居民也出現這種情況。有一名來自慶尚南道金海的三十歲未婚男性，他名下已經擁有五棟公寓，真是令我驚訝不已，他沒有法人的資格，單純自學關於非調整地區的知識，並且瞄準時機。還有一對從順天來的 30 歲初左右的新婚夫婦，希望以新婚的特別加給資格，抽中光州

的房子，詢問我該怎麼做，同時也諮詢現在所居住的房子該怎麼出售。

這些以前是 40 歲以上的人才會問的問題，現在則是由 20 ～ 30 歲的人開口詢問，MZ 世代以後將更加快速且積極地將觸角伸進不動產、虛擬貨幣、股票投資等領域。送別 2021 年的同時，我更感覺到這項趨勢的變化，幾個月前我才與幾位職員商討 NFT（非同質化代幣）的買賣事宜，有人說因為 20 ～ 30 歲的投資者們使用巨集程式（Macro），所以率先買走，造成他們難以入場，沒錯，MZ 世代就是這麼的快狠準。

MZ 世代也是能將興趣換成可賺取億萬收入的本行。實際上也有許多人因為鑽研喜好，而成為該領域的高手，若達到這種水準，周遭的人自然而然會如此表示。

「哇，做到這種程度都可以當一門事業了。」

「應該可以造成話題吧？你好厲害！」

我認為在這些人身邊的一言一語也很重要，或許對方僅是隨口說道，但這些話語卻可以改變一個人的命運。

稱為鐵拳（電玩遊戲）之神的 Knee，本來僅是出於興趣

喜歡打電動，結果成為了職業選手。韓國知名的 YouTuber
「大圖書館」也以個人直播創造了年收入數十億韓元的紀
錄，成為了將興趣昇華成事業的典範。

不需要名譽的他們

對於 MZ 世代而言「當官才有名聲」的說法根本如
過眼雲煙，對他們來說重要的是「YouTube、Instagram、
TikTok 有多少追蹤者」，追蹤數為他們自尊的基礎，也是
公共關係的資產，而這也能連接至投資。誕生於這個時代
的人，看過太多在虛擬空間裡，快速往來的資訊變化促成
投資，進而成為金錢的實例，因此「我的名聲運好嗎？」
的問題，就跟擺明講述「我是老人」一樣。

40 歲後半的人需要和 MZ 世代的買賣概念相互競爭，
即使只有 40 多歲，但已有許多人以穩定的金融目標，立定
保守的理財計劃；但是 MZ 世代不同，他們學習速度快，
又勇於挑戰。以最近的時代而言，速度與收益率有著直接

關係，率先進行成了致勝關鍵。即使失敗也要記取教訓，再次爬起的態度非常重要，而 MZ 世代很擅長此點。很難在 50 ～ 60 歲的人們間找到用虛擬貨幣賺錢的例子，或許正是因為他們不擅長「先做就對了」。

當時間來到 2022 年，我鑽研貸款公司、DeFi、都市型生活住宅、建設、經營商家、共享房屋等領域，畢竟未來很難說，我先在家自學，也去過現場見習。我想推薦給大家的就是這種感覺，先嘗試就對了，建議各位也能像 MZ 世代成為專業的挑戰家。

若是當各位的運氣適逢其會呢？那麼更要帶著「不管了，先做吧」的心態，奮力一搏。進而會發現「咦，竟然可以」，世界會用金錢、收益告訴你成功與否。順帶一提，若是運氣不好，與年齡多寡無關，他們連挑戰也不會挑戰，只會講得滔滔不絕，至於是不是狡辯之詞，只有本人知道。我以前曾短暫舉辦過不動產的講座，那時也有許多 50 ～ 60 歲的女性前來聽課。因此各位，別再用年齡當藉口了。

但是，在賺到 100 億之前請忍住

親切變成毒的過程

要不要聽一則以「很久，很久，很～久以前」開始的故事？

親切為何

　　年齡大約在 40 歲以上的人，應該聽過這則年代久遠的故事。在窮苦鄉下的一戶人家，一名做為六個兄弟姊妹的最大長女，就連國小也沒有畢業就隻身來到首爾，獨自打拼賺錢，餵養弟妹與父母。

　　這種故事主角為了家庭所做的犧牲，能總結為下列的過程。

　　打算賺錢，因此離開家鄉，來到首爾→在首爾漂流無居所，好不容易才找到工作→在穩定之前拚死拚活工作→捨不得吃穿，將所有的錢寄回家中。

　　這當然並非最近會發生的故事，是以前飢寒交迫時期的事，我會提出這個故事，是為了指出以前的時代的確會發生這種事情，那是比起自己，家人與組織更為優先的時代，接受獻身、犧牲、奉獻、親切等善意與體諒的教導，並灌輸「幫助他人」的價值觀。

　　但關於這點我有一項疑問，為什麼要放棄自己的人生、

折磨自己、替他人犧牲奉獻呢？怎麼可以強迫接受他人比自己重要的觀念？

但人類真是複雜的動物，若是表現親切近人，就會被他人利用；抑或是旁人會懷疑這份親切是否別有意圖。這也是親切無法只被當成美麗童話的緣故。

比起無謂的加油，更重要的東西

親切的態度不可以隨意表現，對方有可能並不需要。當有人面臨困境時，別說「加油！」這種既沒有責任感，也不像替對方加油打氣的話語，更不用抱著安慰，或是與其一同落淚。當然，伸出雙手，給予幾句溫暖的鼓勵的確可以激勵人心，但如果對方需要的是金錢呢？你的安慰之詞可以幫得上忙嗎？

「房東突然要漲全租金，真是糟糕了，再這樣下去就要淪落街頭了。」

「加油，事情會順利的。」

怎麼樣？你的親切態度可以幫助對方嗎？如果真的想幫助他，不是給予心靈安慰的餘裕，而是給予能提供實質幫助的空間或餘地。這一章還有一個副標題，那就是俗話說的「庫房才有人情味」，以前的倉庫稱為庫房，保管穀物與白米之處，這句話的意義是，庫房裡要備有充足的糧食，才能行有餘力，幫助他人，因為以前那個時代，糧食就是錢財。今日我們所處的資本主義世界，錢（財力）是否也有餘力原則，即使想幫助他人，也要有多餘的庫房才能真正提供協助。

雖懷抱祝福的心態給予協助

社會性的交流相當重要，也有人說善於和人交流的人，可以活得比較健康，但以自我成長的立場來說，以個人的身分進行挑戰會更有效率，我以投資不動產的人作為例子進行說明。

獨自鑽研、進行投資，獲取收益後，會有人也帶著父

母或兄弟姊妹一起投資，剛開始出於自己賺取了收入，希望身邊的人也能一同賺錢的單純心理，但最後卻看到各種問題的產生，導致紛爭，進而關係分裂。

人類的本性含有忌妒與過多的憂慮，因此看到身邊的人過上好日子，總會心裡難受，也會起無意義的質疑，我再三強調勿忘人類的這種本性，所以想給予以下的建言。

「在賺到 100 億韓元以前，請勿告訴周邊的人現有的資產。」

有句話說，雖然不想理會賺 50 億韓元的人，但對於賺 100 億的人卻感到尊敬，而且想當他的員工。當一個人已經優於一般水準時，想忌妒也無法。

一個開著 Matiz 的人，當看到賓士造成交通阻塞時，會抱怨「唉唷，搞什麼」。但當勞斯萊斯也在其中時，則會改口「哇～勞斯萊斯耶。」明白這種感覺了嗎？當我在清潭洞第一次看到藍色與灰色調的勞斯萊斯的時候真的讚嘆不已。

這就是人類的本性，有人看不起你的成功嗎？那就是他認為你好欺負，內心認為「哼，不就這種等級而已～」

因此你必須拿出可以讓對方瞠目結舌的成果。

　　所以勿因自認庫房有些餘裕就急著照顧周邊的人，不僅他人不會感恩，還可能顯得自大狂妄，像是獨自開香檳，享受財富的人。俗話說，千石糧戶受忌妒，萬石糧戶受尊重，千石糧戶有其風度，而萬石糧戶也有其應有的風度，不是嗎？待事業更加成功，可以更加寬以待人時再行善。

　　在成長的過程裡，只要專注自己即可，沒有時間照料別人。雖然在努力的過程裡可能會疏忽養兒育女，或是使伴侶失望等等，但只要充分表現出認真的模樣，並使身邊的人理解情況，再來請專心達成目標，在那之後盡可能報答就好。

　　當飛機發生緊急情況時，監護人必須先佩戴氧氣罩，再幫助老弱婦孺，我想講的中心思想就是這個，若要他人好，必須先確保自己好，這並非貪心的私欲，保護自己是首要條件，其他人可以之後再照顧。

　　無須對於關照自己感到罪惡感，若是邁向目標的道路清楚可見，也一路順暢時，不要左顧右盼，需要勒緊心靈的韁繩，明確告訴等待自己的人，必定會以成功報答，因

為我過得好，身邊的人才會過得好。

將這段文章統整為一句話如下。

「先從我開始變好，即使只有我，也要盡快往上爬才行。」

在不上不下的情況裡彼此糾纏，任誰也無法擺脫原先的水平，然後衰老死去。若想要長久共享快樂，就得先投資自我的成長，在成功之後替他人伸出援手也不遲，請成長為不受到忌妒，而是得到敬重的人。

不安到達極限時，
最好的機會則會降臨

人生跑道的轉換點

　　人生也有好的跑道嗎？我們觀看田徑選手賽跑時，會關注哪個跑道對於選手更加有利，雖然策略也很重要，但普遍而言，第 3 ～ 6 號跑道的選手能跑出優秀的紀錄。

　　人生也有這種跑道嗎？我們或許已在各自的跑道上開始邁步，當疲憊時也想轉換跑道，這就是轉換人生的跑道，本章將討論這個主題。

「任誰都可以加入通往財富的道路」

遭逢人生「衝擊」

轉換人生跑道會經歷「衝擊→接納→解決」的過程，回顧成功人士的人生，全都有著類似的脈絡，對於衝擊一詞，應該會有人感到訝異，而對於運氣略知一二的人，想必已經明白我的意思。

沒錯，運氣改變的始點即是從每件衝擊的事件展開，雖然之後還會再次詳述，但先說明人類是無法抗拒以這種方式降臨的運，無論歡喜或厭惡都得接受，差別在於要以何種姿態迎接。

人類有所謂的直覺，比起意識還要前端的感知，也稱為「預感」。生活中所經歷的各項事件皆潛在即將面臨的變化，而人類有感知這些情況的直覺，該稱作瞬間的強烈觀察力嗎，總之是無法以邏輯說明的感覺。

但是預感無法把握潛伏在水面之下的深層意義，所以客戶會懷著鬱悶的心情來找我，他們想預測未來的吉凶，希望能提前準備，打算事前準備的人還算不錯，大部分的人只會依照自己的個性接受眼前的變化。

應對危機的三種類型

　　人類有著先天的本性，以此為根基，成長環境等外在因素形成相互作用，促成一個人的獨特個性，並且因其個性做出判斷與行動。

　　運氣降臨時也依然，當面對困境時會因自體的個性做出反應，主要可以分為三種類型。

　　1. 煩惱後忍耐的類型。
　　2. 嘗試解決問題的類型。
　　3. 乾脆尋找其他道路的類型。

　　第一種「苦撐型」的人，唯有做得好才能維持現狀，但大部分會走下坡路，他們討厭紛爭，偏好隱忍，因為討厭遭受損失，就連小型的挑戰也躊躇不前。

　　第三種類型則是「迴避型」，第一與第三類型的人都將現實的問題單純視為問題，並且放棄解決，只是第一種人會安逸現狀，第三種仍會找尋其他方向，若說第一種人

是被動類型，那麼第三種人還算是積極傾向。

　　活在世上本來就會有無可奈何選擇其他的時候，但若每當遇到難關就逃避似地找其他的路，並非好的解決方案，每當進行新選擇時，運氣無法跟著過來，說不定還會遇到更加艱難的情況。

　　欲升級人生的人們大部分為第二項「解決型」的人。他們會爽快接納眼前的情況，並專心於如何解決，也不容易陷入留戀、執著、後悔等情感。

　　第一種類型的人既不接納情況，也不努力找尋其他方法，只會默默隱忍，但是第二種類型的人不同，他們不期待問題會自己消失，而是打起精神，隨即動身找尋辦法。

　　我舉一個淺顯易懂的例子。假設在購入股票後，股價跌落的情況，此時這三種類型的人會如何應對？

　　第一種類型的人大部分會稀釋股價，然後硬撐，甚至還會為了忘卻投資的窘境，刪除股票交易系統的 APP（Mobile Trading System），第三種類型的人則會轉往購買其他股票，心想「只要多買點其他的，以後總會有上漲的股票吧？」但是股票並非只要好運就會中獎的樂透。

　　　　　　　　　　　　　　　　　金錢與運氣的法則（3）：扭轉運勢

那麼第二種類型的人會怎麼做？他們會很快地承認自己對於買賣時機的計算錯誤，並且細細思量。

「啊，原來在這種時候買進就糟糕了，得挽回損失才行，找找看現在買進而有收入的項目吧，看來如果不想失敗，要妥善分析走向才對。」

如何，他們的反應是不是截然不同？

運氣會準確地
「避開」預料的領域

讓我們回到前面的內容，我說運氣變換時會從衝擊性的事件開始，那麼人們會這樣發問。

「遇到衝擊性的事件前不能事先準備嗎？」

我會堅決回答對方。

「天底下沒有照你所想的人生！」

然而此時會有人表示「但是我的人生都隨計劃發展」。的確有這樣的人生，因為那種人，可能生無大志或是過於

平凡，不會出現高低起伏。

　　但倘若是想提高人生水平的人，則必須設定高標準的計劃與目標。實踐夢想的過程，會發生大大小小的事件與衝擊，人生會產生裂縫與不穩，而此時就是轉換人生跑道的機會。

　　一般而言「運勢轉換」的運，會精準避開我們所料想的領域，若是照心之所向發展的運勢，是「安定」，而不是「升級」，簡單來說就是：

　　當「無法」預測的事件發生時，就是運氣「改變」的時機。此時由於預料之外的事情發生，不知道結果為何，而造成極度的不安感，我們必須戰勝這份不安才能轉換運氣。

　　再次回到投資股票的例子，股價下跌（衝擊），坦承疏失（接納），不執著於股價下跌的項目，鑽研其他項目（解決），接下來該怎麼做呢？必須要創造屬於自己的公式，找尋有利潤的項目，進行買賣，也就是「實踐」。

　　這就是獲得積極性結果的過程，換句話說「衝擊→接受→解決→實踐」這段過程大約於 3 ～ 6 個月結束尤佳。

第一種類型「煩惱後忍耐」，只會運用自己已知的事物，因為他們滿足這種程度的收穫，從未打算培養專屬能力，即使運氣轉換的時機來臨也無法把握，意表將錯過改變人生的機會。

第三種類型「乾脆尋找其他道路」的問題在於，無法成長至一定的水平之上，問題與壓力的強度會成正比，如果只會閃避問題，最後將無法成長到用勞力工作的水準之上，只會怪罪自己的運氣與人生抉擇，然後慢慢老去。

第二種類型「嘗試解決問題」，即使衝擊性的事情發生，也能趕緊理性看待問題，動身解決，為了找到答案還會做許多的研究，但偶爾會出現在解決情況後，就不想繼續挑戰的人，他們會安逸於現狀，不再繼續實踐。這是第二種類型的人錯過升級時機的重要原因。

像這樣的人即使遇到意料之外的事，即使可以提升水平的機會來臨，也無法轉換人生跑道，這是源自於對待人生的態度差異。心態決定了一個人的人生。縱使直接面對衝擊性的事件發生，不安感充斥心頭，但仍然為了更好的人生而規劃行動的人，具有眼光看出運勢來臨的時機，並

且成功升級。

四柱相似的兩人，為何過上不同的人生。現在處於何種位置，等於間接說明了那個人面臨改變人生機會時，會作出什麼反應，改變人生也是一種挑戰，絕不能安逸於穩定的狀態。

經營公司的企業家經常說「危機就是轉機」，若是被危機的浪潮捲去，則一無所有，因此必須下定決心找尋隱藏在危機中的轉機。

人生也依然，想要升級就要面對危機，絕不錯過可以躍升人生的機會，那就是可以更上一層樓的祕法。

要遇見好同事的理由

人的法則

　　有天我在整理新收到的名片，發現一年裡我會面了一百多名人士，光是諮詢的客戶就已經不少了，竟然還與那麼多人結識，為什麼要和那麼多的人碰面呢？

　　這是因為我將 2022 年至 2024 年訂為挑戰的時機，所以才會與各個領域的專家們對話交流。

我與專家們碰面的原因

　　與成為該領域的專家交流，可以拓寬人生的視野。我會攜帶兩項計劃與他們見面，期望會面後可以選擇其中一項，但卻不如我所願，與之會面後進行塔羅占卜，腦海的計劃會增加為四、五項，原本算好的方向也會大幅改變，腦子一片混亂。

　　這裡將稍微提及塔羅占卜的事，其實我是短時占星學（塔羅）的專家，塔羅與一般算命不同，想知道人生大致走向時會算命盤，但在猶豫該選擇 A 與 B 的情況下才會做塔羅占卜。

　　塔羅不用出生年月日來推估運勢，而是針對眼前的問題進行解牌。命盤是以出生年月日作為出發點，塔羅則是以問題為始。主要的提問方式好比「我要開始某件事，要與 A 合作，還是與 B 合作？」。

　　總之當我與該領域的專家會面時，會帶著大約兩項計劃過去，但回來算塔羅後，計劃總是會改變，為什麼呢？因為遇見了該領域的「專家」，與其交流後赫然發現自己

的想法與知識有多麼的狹隘。

以淺薄的知識只能構想出那種等級的計劃與方向，況且以那種策略無法改變人生，只能維持現有的走勢。

一路走來，我體悟到依據遇見怎樣的專家，可以決定大部分的運氣，但可惜的是，很有可能一輩子也無法與專家會面，因此若是情況許可，要盡可能地積極製造與各項領域的專家碰面的機會。

「人與人」之間相遇所引起的變化

察覺運氣的時機也很重要，但是與人相遇後引起的「八字影響」也很重要，所以我們需要遇見對的人。八字合盤會觸發加乘作用，為了創造全新的能量，變化的大小也相對增大。

即便帶著相同的四柱出生，依照個人努力的與否，人生位置也會不一，命運的轉輪也會根據意志決定滾動的方向，因此請多多與人見面，不知道該何去何從時，請與不

一樣的人會面，尤其從專家身上得到的知識，對於日後的方向有著重大的幫助，同時也會大規模引起命運的變化。

有時候無論怎麼努力，皆無法單靠一己之力完成，這種時候就須與某人相遇，誘發加乘作用，若是身懷對我有幫助能力的人會更好。

相信各位都有嘗試減重的經驗，雖然大多數的人都三分鐘熱度就作罷，但如果接受專家的個別訓練會怎麼樣呢？不管怎麼說，成功機率都會較大吧？這就是合盤、相生的原理，接受哪種教練的訓練顯得相當重要。

必須擁有「尋良緣三萬里」的覺悟，假設真的遍尋三萬里，找到了似乎合適的人，那麼你會怎麼做？

1. 先見面。
2. 與之交流，提升熟識度。
3. 學習專業知識
4. 一同工作。

假使對方是該領域的專業人士，請介紹自己是他的粉

絲，希望能見上一面，基本上都會許可的，經常碰面、熟識之後也會提升彼此的信賴關係，在一定的範圍之內都是可行的要求，而對於專業知識的請教，只要對方願意都沒問題。

但是一同工作的請求相當不容易，其實能從專家身上學習的最佳機會就是一同工作，在共事的情況下可以形成人生前所未有的震撼，但相對也會遇上難題。

你活到現在與多少人交談超過 30 分鐘？無論年齡與性別，我真的與許多人士交談對話，並且從中學習，即便如此，仍有界限，我也陷入過苦惱，為什麼明明經常與人交流，卻還是無法繼續升級，然後我明白了一件事「那些人們全都在跳舞，唯有我自己獨坐在吧檯」。想學跳舞則需邁開步伐跳舞，我卻只呆望著眾人跳舞的模樣，即使用眼睛看了上百次，身體仍學不會。

那麼該怎麼做？當遇到可以使我學習，或是八字相合的貴人時，該如何發揮合盤的效力，改變命運？那我們繼續了解有什麼方法。

一、一對一學習

　　聽課的方式是單方面的學習，因為鮮少有機會雙向交流。當用網路學習事務時會感到受限，那是因為聽課是單方主導的方式，若要引起雙方的相互作用，一對一是更好的方式。

　　請盡情發問、徹底學習，並獲得所需的資訊，如此一來運氣也會形成對流。當然一對一的學習方式須要付出相對應的代價，例如稍微昂貴的學費，但不要吝嗇這筆支出，獲得的東西比想像來得多。

　　而若是彼此意氣相投，有可能可以移動至下一個階段。「合夥」就是其中之一，成為邁向同一目標的夥伴，就像電影演員李政宰與鄭雨盛那樣，他們一起投資，一起拍片，兩位實為很好的事業夥伴。

　　共同創業若是有困難，也可以一起完成某個專案就好，無論最後的導向成功與否，重要的是共享目標，並且一起行動的事實。

二、召集投資小組

　　讀書會、研討會這類型的小組雖不錯，但仍嫌不足，請與他人一同嘗試創業或投資，與熟知專業知識的人交流，可以學習許多知識，甚至組成投資小組也很不錯，每個人皆有熟悉的領域，在彼此交流的過程可以修正不足之處，這種合作對於熟悉實戰可成為莫大的幫助。

　　如果較難率先組成投資小組，也可以加入管理妥當的投資小組，只要勇敢敲門就行了，不是有句話說不入虎穴，焉得虎子，請盡可能加入決心擒虎的人們，才能真正學習到狩獵的技巧。

　　也請一同賺取利潤，與擁有目標的人們一起研究、熟悉賺錢的感覺。有時獲利，有時虧損，這都是累積實力的過程，投資是無法單靠鑽研理論就成功的領域，需透過實戰累積豐富經驗，可以的話，現在就出門狩獵吧。

　　可惜的是不容易遇見真正的高手，我認識的一位高手知道 2021 年與 2022 年是自身運氣轉變的時機，因此神隱蹤跡，我因為有想向對方請教的事情，到處打聽他的下落，

但他就連曾在網路寫過的文章也一併刪除，但我不放棄，打算繼續尋找那位高手，畢竟人生的貴人哪有這麼容易就相遇。

我從 2014 年也開始參加不動產的投資小組，我們會各自分組，鑽研課題後上台發表，相當認真學習，我從該小組獲益匪淺。透過實戰的學習經驗就是如此重要，最好的經驗就是參與實戰，方能變成真正屬於自己的東西，升級人生這件事更是不在話下。

不勞則無獲

實行的法則

　　各位一天當中會抬頭看幾次天空？我經常觀察天空，即使看似相同的天空，隨著雲朵的變化，每分每秒轉變的景致皆充滿了生命力。

　　試著將天空比喻為人生吧，晴朗無雲的天空是不是很棒，但沒有這種人生，反而有更高的機率會出現烏雲密布的天空。

我們就這樣活在多雲與晴朗的日子之間，有時會突然下起暴雨，有時又會剎那間撥雲見日，也會有毫無預告的情況下，颳起颱風。

還記得我說過，當這種無法預測的事件發生、風雲變色時，就是足以改變人生的機會降臨的時刻嗎？當這種機會來臨時，為了得到正向的結果，必須發揮潛在的運氣，那麼該如何盡力發揮潛在運氣？請繼續閱讀我的故事。

需要行動才能啟動運氣

在我 20 歲後半時，有一次與看命盤的老師們互相討論彼此的命盤，相互聊天說笑，當時有一位老師說道。

「我借錢給一位熟人，但看狀況似乎不容易收回這筆錢，我在沒有碰面的情況下，打電話希望他還錢，但他卻不再出現。」

他說卦象表示他將難以收回這筆錢，實際情況也如卦象所顯示的發展，我聽到這番話感到震驚，認為那麼在這

種情況下完全沒有其他方法了嗎？難道卦象如此顯示，我們就只能接受、或是乾脆放棄嗎？我在那瞬間感到難以承受的無力感。

所以我在 30 多歲時，抱著這個問題做了很多掙扎，在各種算命方式間找尋答案，但最後仍沒有找到能改變現實的解答。然而在某一天我突然領悟「要行動才能改運，我若朝想要的方向付諸行動，運氣就會隨之跟上。」

我不是只會算命的命理師，當然擇日（日期）、擇時（時間）、擇方（方向）也很重要，但不能單靠這些事物，要努力發揮自身的能力與優點才行。

投資不動產是為了啟動運氣，需要馬不停蹄地付諸行動，買賣物件時別只用電話聯繫，而是親自到不動產店，與對方交談，如果留下好印象，也能加速交易的進行。

即便選擇了再好的日子與時間，若是不努力，也不會啟動運氣。運氣並非任誰都擁有的事物，而是靠自己獲取的。那些我親力親為執行的事情，皆獲得更好的反饋，所有的答案都在現場才找得到，這是句經得起考驗的真理，運氣發揮作用的現場就是付諸行動的本身。

「因為不想挑戰就被罵了。」

　　每位客人的諮詢時間不一，有的會進行半個小時，有些 10 分鐘不到就結束了，有時我會拉長諮詢的時間，什麼情況下我會這麼做呢？先前也有提過，當呈現進入好運期間，需要積極性的建言與處方籤的客戶，我通常會講得比較久。

　　還有另一種情況，就是遇見比起自身能力，人生過得太舒服的人們，而且是明明可以踩油門，卻只保持安全駕駛的那些人，這些客戶回去之後會對身邊的朋友表示「因為我不想挑戰就被罵了」，他們都是迎接好運的人，我才如此嚴厲。

　　看著運氣很好，卻毫無欲望的人真的令人遺憾，分明只要努力就能得到好結果，但是卻選擇一動也不動，因此才會給予許多建言。

　　「你可以跟上最上層運氣的人的腳步，所以請以此為標準，嘗試看看吧。」

　　這些客戶聽到我這樣說時，當下感覺被狠狠教訓了一

番，但回到家再三咀嚼後會覺得我的見解是正確的，那麼我便會如此說道。

「沒有賺到幾分錢，活在不上不下的環境裡，是因為沒有將個人的能力發揮到最大值，因為你『自行妥協這種生活方式』。你的運氣很好，只要付出努力，一定可以獲得好收穫」。

平時不努力的人不太會接受這種建言，因為他們已經習慣舒適的生活圈，一直以來從未感受過所謂的成就感。

我會依對方的狀態，進行「說服」、「協商」，甚至也會「放棄」。

「以這種方式挑戰很不錯」。

當我這樣說明時，會有兩種回應。

1. 以前從未有過這種想法，以後要改變想法了。
2. 以我的方式過活似乎比較正確。

如果聽到第二種回答時，我就不會繼續諮詢，也會放棄說服，這種類型的人只會專注於自己的價值觀，以本人

的判斷過生活，老實說我也無法理解為什麼他們當初會想
與我諮詢。若是閱讀本書時可以再次思考人生方向，至少
可以活出不同以往的人生。

平坦人生？
但仍需要「挑戰」

世上的確有運氣未出現起伏的人，例如那些在同一間
公司上班超過十年的人們，這裡有一項重點。

「這十五年的上班族生活太痛苦了。」

他們會這樣表示，雖然他們自認很辛苦，卯足全力在
公司打拼，但其實他們的運氣很好，我們必須思考以下的
觀點。

例如女性在結婚生子後，工作經歷會出現中斷，面臨
各種變化。但能以非自營業者或企業家，而是以公司職員
的身分在一個地方穩定工作十年以上，代表其運氣在水平
以上，像這樣的人即使創業或兼職，甚至投資也無妨。

統整來說，可以在一間公司上班超過十年，代表運氣不錯，因此請相信自己的好運，嘗試創業、投資，或是斜槓，活在人世總得經歷一、兩次這種挑戰才對，這樣才能升級人生。

　　但若是表明「不需要，我寧願這樣過活」的人，那麼繼續維持也沒關係，人生會迎合你不變的想法。

你住的「地方」則是你的運氣

環境的法則

　　當運氣出現巨大轉變時，會提到幾項能發揮好運的方法，包含人的法則與實行的法則，本章要討論環境，也就是關於住所的幾項要點。

　　雖然遇見誰或進行多少挑戰、實踐到何種程度可能並不重要，但環境也對改變運勢有著極大的影響。

改變住所
也會改變運氣的「走向」

　　根據 2020 年國民健康保險團所發表的＜國民體質指數
＞指出，江原道、濟州島等區域的肥胖率最高，首爾、釜
山等大城市的肥胖率較低，全國肥胖率最低的區域為首爾。

　　那麼首爾市的狀況呢？屬江南區的肥胖率最低，影響
肥胖率的要因有所得水準、失業率、大眾交通滿意度等等。

　　早在十幾年前就有研究指出父母的所得水準愈低，子
女的肥胖率就愈高，事實上也是如此，父母所得水準與教
育熱衷度較高的地區，子女的肥胖率就愈低，雖然有人不
支持這種地域性的言論，但我單純就數據報告提出事實。

　　肥胖率只是例子之一，另外還有許多因為地區所造成
的差異，不能一味想著「都一樣住在韓國，哪有什麼地區
差異」。

　　當運氣改變時，會引發心理不安。會被到肉眼看不到
的波長所影響，如果想改變運勢，請活用這種不安，其中
一項不錯的方法就是「搬家」。若要搬家會經歷相關的過

程，在這段過程裡會感到擔憂與不安，運勢會透過這種過程形成變動，也可以更換人生跑道。

人類是追求恆常性的動物，這是大家都聽過的字詞，根據國語辭典註明「生命體對應環境的變化，維持一定狀態以確保生命現象正常發生的特質。」例如體溫升高，藉以流汗降低體溫也是為了保持恆常性的身體作用。

人類不僅追求身體的恆常性，也會追求生命的恆常性，當環境出現改變，會適應與變化，努力維持生存狀態，這是生命體的本能，當然適應變化需要能量，但我們的大腦會偏向盡可能地有效使用能量，因此人類才會感覺疲憊與麻煩，也有很多人因為無法適應所以逃避。

但若是想要升級人生，就需要付諸行動，積極因應環境變化，因為危機就是轉機，這時若可以妥善應對危機，那麼可以換來穩定的旅程，請勿忘記這段過程。

改變住所將發生「轉移」

相互影響、彼此的位置更換的現象稱為「轉移」，宛如鐵粉遇見磁鐵會瞬間吸取般，讓我們談談轉移。

舉例來說，假設你打算搬至其他地區，想要在新家順利落腳，就需要和街坊鄰居相處和諧吧？首先要尊重他們的生活模式，要接受與我的不同之處，如果可以經常與鄰居碰面會是如何？想必可以更快適應與熟悉彼此，其實搬家的意思，形同更換周遭的人。

在首爾市的江南有一位高爾夫球教練，他認為分組很重要，因為會員們對於將要與自己同組打球的人非常敏感。經常與和自己個性相符的人相處是件好事，在一同用餐、對話的過程，觀察他人的生活，接受刺激，同時也可分享知識，在這樣互動的過程能獲得另一種成長。

當隊員出現想要效仿的人時，可以模仿對方的想法與眼光，這是潛意識的行動，猶如鐵塊與磁鐵相吸的原理，自己在不知不覺會想要模仿對方，我將這種效應稱為轉移。

「看來我要試著穿西裝，只穿襯衫不行。」

「我一直以來好像只沉浸在自己的想法，原來升級人生的方法這麼多元。」

這些領悟會擴張原有的思考範圍。

人類透過這種作用與轉移一步步進化，若是沒有這個過程，無法更換到更好的跑道，我必須轉換到有好發展的跑道，才可以累積財產給子女，因此，改變住所，使自己來到可以進化的好環境，不就是所謂的「孟母三遷」嗎？

有句話說「近朱者赤，近墨者黑」，努力打拼自然會有良好的朋友前來相助，搬家雖然看似無法經常與好友相聚，但並不盡然，若是當今的住所沒有好事發生，只有壓力增生，那代表搬家是不錯的選擇，因為只要把煩心的事梳理整齊後，將會產生全新的能量。

考取駕照，首次購車時，該買大型的中古進口車，還是小型的國產新車？雖然依據個人喜好與資金購買即可，但若是買了中古的賓士車，往後也不會注意在那種等級以下的車子了，因為人類是無論如何都會追尋更好的環境與條件，並且嘗試適應的動物。

有些人會因為搬移住所或更換人生主場時的違和感而

覺得自尊受傷，因此頻頻找藉口，無法當機立斷。當然依個人的想法過活就好，不需要在不舒服的情況下執意更換環境，但取而代之的是無法再期待有天能升級人生，因為安逸於現況的人，不會有改變人生跑道的機會。

將本章的內容整理如下，當感覺運氣停滯，即使手頭較緊，也要搬往好運的人經常聚集的地區，與他們產生命盤的相生，且咬牙熬過轉移的過程，待運氣上升之時來臨，就能發光發熱了。

若是對於現在的住所每天都感到難受，那麼請及早逃離，即使不容易也請到帶有好能量場的地方轉換環境，神奇的是心情也會好轉，感到充滿活力，這是轉換運氣的能量累積的證據，相信將會贏得搭乘好運列車的機會。

選擇盡力表現、
發光發熱的日子

擇日的法則

　　最後讓我來說明擇日，這或許是目前為止最令人陌生的主題，正如各位所知，我認為擇日比起改名或佩戴金飾的開運方法來得更實在，我將向各位說明擇日為何。

要訂定「好日子」與「好時辰」的理由

讀者們大概能發覺，我會依據好日子與好時辰決定行動，當遇到好日子時，我不會與客戶諮詢，會選擇與工作相關的人士會面。

為什麼要擇日？因為就這個世界吉與凶的成分而論，凶比吉多太多了。只要看日子，會發現一個月裡吉日大概是 1／3 以下，超過一半以上都是不好的日子，所以我們的人生才會充滿了不安穩。

2022 年 5 月（疲憊的月份）

Sun	Mon	Tue	Wed	Thu	Fri	Sun
1 擇 資料問題	2 擇 休息	3 擇 安定 62	4 擇 資料問題	5 擇 疲憊	6 擇 55	7 擇 事業
8 擇 遊玩	9 擇 受人影響	10 擇 資料	11 擇 休息	12 擇 人際問題	13 擇 資料問題	14 擇 疲憊
15 擇 55	16 擇 事業	17 擇 遊玩	18 擇 55 平平	19 擇 資料	20 擇 休息	21 擇 2-2 貸款

那麼遇見好運的機率是多少？

前一頁是我 2022 年 5 月的運勢，由於只給我自己看，所以這份月曆僅是粗略標記，因為想說明厄運的月份會如何呈現所以拿來使用。在 21 天裡只有 5 天的好日子，休息、資料問題、疲憊等註記的日子比好運更多。人生就是如此，是不是幾乎沒有好運？每當這種月份來臨時，不僅狀態不佳，身體也很疲憊。

壞日子會神奇似地發生或大或小的事件，所以需要注意那些可能出錯的日子，謹言慎行才可以。以我的情況來說，客戶會在壞日子湧現，好日子反而沒有客戶，或是為數不多。無從得知他們是怎麼得知我的好日或壞日，對方就這樣進入了諮詢室，那種日子總會有人開門問道「請問今天時間方便嗎？」而我則是滿心開心地被對方利用。

在好日子需解決一直拖延的事，因為無論做什麼都很順利，這是為了達成自身的願望與目的，同時可以向前邁進的時間，但並非因為走吉運，就只會發生好事情。仍需要付諸行動，無論什麼做就對了，必須養成改變命運的習慣，只要日復一日的努力，滴水穿石，你也能改變命運。

擇日在有些事情的定奪上顯得相當重要，其實關於這個部分仍有爭議，但我還是想告訴各位。建議生育時務必要擇日生產，擇日是唯一能夠將與我最親近、且會能量交換的家人轉為吉運的方法。若可將人生之中最重要的家人轉為吉運，當然要把握機會，不過請委託值得信賴的人進行擇日。

擇日是通往好運的智慧

能選擇好日子和時辰是命理的精隨；能靈活運用擇日是能力，也稱智慧，在忍耐、接受、努力往前的過程裡是必需品。

選擇好日子與好時辰是趨吉避凶，也就是閃避厄運，迎接好運的智慧，這是遠離壞事，帶來好事的積極性做法。不是回答「我以後會怎樣？」或是「哪個才好」這種單純問題的答案。

命理是解析世界的運勢，並且做出與之相對應的策略與

戰術，雖是出於對未來的好奇心才進行算命，但最終還是有助於追求平衡的生活。事實上，占卜解說是中庸之道，也就是以教人順應規律的哲學做為基礎，人生與命理只能是相生關係，因為明白了我的運氣，也就能領悟人生的方向。

舒心接受命運，並且在能力範圍內努力就好，我認為光從這點想法踏實生活，就能比起別人產生多一步、兩步往前的能量，但是別在窒礙難行的環境下掙扎，因為只會換來失望與絕望，有時需要檢視自己的信念是否成為執念。

「只要努力就好」、「我不算命」等看法，源自於認為命理沒有具體的解釋。比起占卜，他們更著重自己是否盡了全力。就連孔子也是反覆再三研讀易經，並沒有隨意出言討論命運之學，比起解決方案，他更注重自我管理。

好奇未來是人類的本能，因此我認為命理直到未來也不會消失，每個人只要依循個人的價值觀理解運勢並且接受即可，期盼各位皆能把握自身的運勢走向，趨吉避凶。

後記

致今日也努力過活的你

　　雖說是「後記」，其實這是一封信，寫給讓我想寫書的「那群人」。空想不行動的人們、懷疑自身可能性的人們、被侷限於框架內，無法宏觀的人們、即使有深遠的可能性也沒有發揮的人們，這些使我感到惋惜的人們……讀者們覺得如何呢？若是深感認同，請從我的這封信獲得安慰與勇氣，打破長久以來的框架，跨出那一步吧，我的期盼全都寫在這封信了。

　　各位努力打拼到現在，真的辛苦了，現在請為了自己

的願望與幸福，嘗試挑戰，即使毫不起眼也沒關係，各位必須先照顧自己、滿足自己，身邊的人也會一同幸福，相互珍惜彼此。

我也是這樣一點一滴面對挑戰，來到這裡，從那些看似不可能的目標開始實現，這段過程裡你將更了解自己，尋找自己的旅程未曾間斷。

集中注意力在人生裡所知的，並且尋找自我，要以自我為中心的人生才能真正滿足。請停止在乎社會觀念，停止被虛假意象洗腦和被灌輸成為自己的目標，停止投注時間與氣力在那些事物，別再為了說他人想聽的話，就壓抑自己的欲望，全盤接收他人賦予的工作，現在請將所有時間與氣力放在自身的需求。

自我存在的大小取決於那個人活得多麼理直氣壯，並且如何主導性地改變周遭環境。這也是為什麼帶有相同四柱的不同人，可以享受最大滿足度的原因。

請別認為四柱相同就會過著相似的人生，即使四柱相同，隨著生活的方式，尤其是 30 歲後半的人生，將顯現出極大的差異。

稍微替自己著想也沒關係，為了滿足自己與幸福，表
現欲望也沒關係，欲望不是壞事，不以被世界和世代所洗
腦的工具過活也沒關係，逐步找尋屬於我的東西，就會看
見嶄新的自己，也會看見另一條道路。

　　祝各位一切順利
　　真心誠意獻上祝福

特別 Q & A

Q1

有聚財或漏財的四柱嗎？

　　── 這真的是很多人好奇的事情，是的，四柱命盤裡的確有帶財運的人。

　　但是，如同我在本書多次強調的那樣，即使運氣再好，若是本人不付諸行動，也無法發揮效用，已經累積相當財富的人們，基本上都命帶財運，不過重要的是，他們全都帶有不管什麼「嘗試就對了」的強烈意志。

　　擁有聚財四柱的人，對於目標不會猶豫，反而先思考「我會嘗試，但好的時機點是何時？」相信各位一定聽過有財運這句話，如果不想癡人說夢，請仔細回顧並檢視自身的行動力。

　　相反地，若是沒有聚財運的人，通常欲執行某事都會花費三個月左右，這些人的特徵是發問時，經常說「如果」，

這是非常不好的信號，可視作在潛意識就認為「我不可能做好」的徵兆。當客戶開口說「如果～」那時我就會心想「嗯，諮詢基本上已經結束了，這位應該做不到」。所以若是內心浮現「如果」二字時，請指正自己「我已經先行認為自己辦不到」的想法，然後把「如果」刪除，將發問修正為可實現的方向。

世上沒有以上題目所提及的漏財四柱，但可能有漏財的期間與不好的時機，無須過度擔心，這種時候只要提早知道，做好應對即可，最簡單可行的應對就是在不好期間時，不要過度耗費氣力、誇張行事，只要做好平時的工作，專注在現有、現行的事物就好。心想「原來進入這種時候了啊」將目標放在熬過這段區間，就能平安度過。在不好的區間內忍辱負重，在好的區間竭力發揮，累積財福，這可以說是基本戰略。

Q2

想靠股票或樂透賺大錢

—— 簡單來說，沒有人注定會中樂透，彩券運是隨機的機率。

但卻有容易靠股票發財的四柱，我擁有很多經由股票獲益 50 億韓元以上或是從事現職工作的四柱資料，這些人確實有共通點。

但是最近靠股票賺錢的人數有下降的趨勢，因為這個時代是用線上軟體（機器）買賣的時代，人類出現失誤的機率與機器出現差錯的機率有著致命性的差距，因此現在比起從前擅長分析股市的人，更多的是愛耍招數、猜忌心重才能生存的時代，現在要與許多數據、專家競爭，才能賺取收益，不再單純只是「我有買股票賺錢的運氣」就能與之抗衡。

Q3

我從來沒有被抽中過房屋認購

　　── 容易中獎的四柱，的確也容易抽中認購，俗稱的「撿到」，也就是「帶有文書運」的人，不動產業有句流行用語叫「不認購只捐血」，就是「幹嘛認購，把血拿去賣就可以買房子了！」

　　當認購的機率小，需要的是果斷放棄，修正策略方向，購買不動產不是只有認購這一條路，別因「別人抽中認購，已經賺回 2 ～ 3 倍的資金了，我為什麼不行」而感到落寞。

　　投資不動產也有許多細部分類，當中會有適合自己的類別。大樓、公寓（新建、非新建）、都更、重建、拍賣……很多吧？將一種投資視為所有的人，比想像中還多，首先請拓寬視野並且鑽研，別過度著急，機會永遠會再度降臨。

Q4

大運一定是好事嗎？

——先正確理解大運的意思比較重要，大運是指生命週期裡十年的時間，若是聽到有人說你從今年開始走大運，那有可能代表往後十年將迎接為期十年的好運區間。「大運是好事」這句話來說，的確會進入水準以上的區間，當然金錢的運氣也不錯，這十年裡像是右手握有暖暖包，左手有清涼的電扇，不管天氣冷熱皆應付得宜。

但即使是大運期間，也需要分段性地找尋好時機，進行謀略。十年實則為一段長遠的時間，實際在占卜過程裡，分析好運時，會以十年大運、小運、流年等精細地縮小範圍。

我在推估好運期間時，會先看十年大運，再從小運與流年裡找尋最好的時期，那麼不就能劃分出好幾個好運期

間嗎？無論是做生意或是投資，建議大家看準好時機，伺機而動。

Q5

我聽說過「還有運氣」這句話，
該怎麼做呢？

—— 從命理的觀點來看，確實經常看到令人可惜的事例，明明天生的運氣在水準之上，但卻沒有妥善運用，其實這是深受周遭環境、身邊的人之影響，畢竟從該環境耳濡目染長大成人，要跳脫既有觀念、並且大膽執行並非易事，所以很可能將自己鎖在框架裡進行判斷與選擇。

有聽過「還有運氣」這句話嗎？所以想要改變成更能活用運氣的人嗎？那麼該怎麼做？

首先是改變環境，變更居住的社區、認識的人、工作等等，有句話叫「欲成功先登上大舞台」，就是如此。

想要成為有錢人，就得往有錢人聚集的地方而去，向有賺過錢的富人們學習他們的習慣、價值觀、思考方式。但以實際層面來說，平常不易遇見這些富人們，所以可以

前去旁聽他們的演講、閱讀他們撰寫的書，嘗試他們的思維與態度，這也是間接更換環境的努力方式。

更換環境是件相當重要的事情，必須馬上身體力行細小的嘗試，前往小組聚會，學習新知，規劃搬至更好的社區，離職、創業等等都是嘗試。

大多數的人雖然有這個想法，卻不敢執行，雖代表實踐真的相當不易，但也不能只在腦海中幻想而已，一定要自己親自實踐。

請想想看，若是連周邊環境也無法轉換，那怎麼可能改變人生，無論是多麼微小的舉止，也請為了更換環境付出努力，別浪費你的運氣，希望你能從現在開始，全然為了自己而打拼。

我想要開店或創業，
如果沒有創業運就做不成了嗎？

　　——許多來找我的客戶經常提出類似的疑問「我可以離職嗎？」那麼我會怎麼回答？意外地是我不會馬上埋頭分析命盤，而是建議對方先審視自己的內心。

　　若是單純覺得「現在好辛苦，我什麼都不想做」，那麼請好好安慰自己，因為現在有可能來到運氣不好的區間。

　　但倘若認為「現在的上班生活太鬱悶了，我想要挑戰其他事物」，那就是截然不同的意思，即使命盤顯示沒有做生意的運也沒關係，想創業的本身即代表運氣好。我認為職業階層的最上層是企業家，而擁有「師」字輩職業的人即使身處機關組織，發展良好的話，也可以使用個人名義自行開公司。

　　有時可能只是時機未到，請先找尋相關的創業資料與

資源，嘗試創業，然後就會有徵兆，究竟是否適合創業，世界會用金錢告訴你，當發現可以賺錢的方向時，請朝那個方向努力，並且擴大範圍，事業僅是程度上的差異，任誰都可以做到一定的水準。

　　另外，對於創業運的觀點人人有別，我認為只要有「穩定的運」就可以嘗試，當運氣呈現穩定的狀態，代表努力的效率也較高，所以別聽到沒有創業運就一蹶不振，重要的是請先理性判斷自身情況，制定具體的行動策略，付諸行動。

Q7

「運勢不好的期間」該怎麼做才好？

  —— 我強調過在「好運期間」要不停歇地挑戰，那麼遇見相反情況時該怎麼做？

  「工作不順，該怎麼辦？」

  「這次也沒有在升遷名單裡，是不是該準備辭職換工作？」

  「營收慘澹無比，是不是該換另一種行業？」

  在壞運期間，很簡單，請繼續做原本的工作，別嘗試新的領域，請集中在現有的資源。

  如果在壞運期間左顧右盼，不斷觸及其他事物會怎麼樣？沒錯，情況只會更糟，就像「地下室的下方還有另一間地下室」一樣。

  有一位認識很久的客戶介紹了她的丈夫，開公司開了

20 年，我跟那位先生諮詢了好幾年的時間，終於出現拉近關係的契機，對方面臨大約一年左右的壞運時期，我建議他休息，但他卻說「不會怎麼樣啦」，表示要從事新事業。然而新事業卻因為被海關扣留，最後退出該事業，從此之後，若是告訴他時機不好，他便會調整輕重緩急。

我有許多認識多年的客戶，很多時候我會在他們運氣不好的期間提供協助，因此而結緣，事先提醒生命的難題似乎是我的宿命，但是順利度過難關後，即能成為共同走過人生的夥伴關係。

還有這種事例，一位 40 歲後半的企業家，總覺得預感不好，所以調整了部分的業務，在兩年的時間裡只是埋頭打高爾夫球。那是在尚未與我諮詢的時候，獨自做出的決定。兩年後他首次來找我諮詢時，我告訴對方「壞運的兩年結束了」對方嚇了一大跳，他正是因為感覺不好，所以選擇休息，現在打算重新開始所以才來找我，我同時也感到相當訝異，原來有人會自行預測事情的優劣，調整人生計劃。

人啊，當進入壞運期間時，會自認「應該有人會幫忙」、

「一定有開運的方法或解決方案」，但當真的感受到運氣差時，通常已是無法用外力改變方向的時候了，所以首選上策是乾脆什麼都不要開始，再來是找專家，也就是「師」字輩的人，例如律師、稅務師、會計師、醫師等，付錢解決難題是最快的方法，有些人負責替顧客解決難題。

　　至於最差的解決下下策是什麼？就是向熟人、父母提出請託，若是製造出必須向他們尋求幫忙，然後無法得到想到的幫助時，就會變成「被信任的斧頭砸腳」的窘境，甚至遭受委屈，這是相當遺憾的事。

Q8

要怎麼知道「運勢大開的時間」

　　── 我會從命理學的層面進行分析，不過這是各位陌生的領域，但有可以自行辨別的方法。

　　有時候會毫無原因，很奇怪地突然連續 3 ～ 6 個月持續有好事發生，或是當別人說「你最近發生很多好事」的時候，以前要花 5 個小時才能完成的事，現在只要花半個小時就能結束，或是自己的提案、策略得到上司或周邊的人認可時，這種時候就是運氣轉好的跡象，同時也是誘發他人忌妒的時期。

　　好事接二連三的發生嗎？那麼更不能安於現狀，動身的時候到了，得著手策劃了，雖然吉運來臨時，有機會製造人生最美好的回憶，可以與相愛的人共同享受幸福的時光，累積可以回憶一輩子的快樂時光。

但是為了升級人生，就必須創造更有價值的結果，請記得，在這個時間點所進行的挑戰，將帶來人生最棒的碩果。

Q9

跟好運的人一起工作，
連我也會開運是真的嗎？

　　── 一般人難以辨別與自己契合，或常說的八字合盤
的人是誰，確實不容易，那代表有很多人會來找我看合盤，
對吧？

　　有一位女性老闆是我多年的老客戶，她光是半年內就
會帶著 40 ～ 50 位的四柱前來找我，希望找到能與自己合
盤的異性。或是當公司計劃組成新部門時，關於人事調動
或是雇用新員工時也會前來看盤，因為工作重要的是做出
業績與成果。

　　吉運就是如此重要。我會說「一個人的運可以拯救另
一個人」。當與好運的人在一起，就連壞事也會減弱，因
為帶有好運氣的人會自然閃避壞事，生命裡有好運伴隨的
人，會出於本能地偵測不好的預感，與這種人在一起也能

快速恢復體力。

　　我會打趣地形容，如果跟好運人士一起手牽手兜風是什麼感覺，就像什麼事都不做即擁有全世界那樣，宛如初次對他人動心的感覺。

　　無論性別、年齡、地位，遇見吉運的人都是無比重要的事，做不到的事都能做到，這種人也稱為「貴人」。可以在好運期間遇見與自己合盤的人是什麼感覺？就是所謂的「天下無敵」。

　　所以我推薦各位積極參與各項活動，當然也建議各位廣泛接觸全新領域、進修鑽研，從人與人之間的交流獲得的能量，若沒有直接感受，將無從得知這究竟是什麼感覺。

Q10

合夥或共同投資，或是許多人一同進行專案時，該看誰的運勢？

—— 當與多人共事時，會有以下三種情況。

1. 好運的人＋好運的人。
2. 壞運的人＋好運的人。
3. 壞運的人＋壞運的人。

這三種組合的人若是開始一項業務，會發生什麼結果？有趣的是最後全都導向一個結果，那就是「獨自留下」。

第一種情況不僅很難從事長久的工作，其實當初也很難一起工作，因為天底下沒有相同的兩顆腦袋，尤其對於金錢與商場更是如此，最後必然分出第一名與第二名，即使當初一同開創，也會在 3 ～ 5 年從利益關係中分開，因

為透過共事的期間已經充分了解可以個別進行的事了。

那麼第二種情況呢？通常是好運的人會像老闆一樣工作，壞運的人會像員工一樣，然後呢？好運的人會被壞運的人連累。如果好運的人善於拉攏對方，那麼另一方就可以長期被帶領，在對方底下工作。

至於第三種情況，無須擔心，因為幾乎不會有這種情況發生，彼此只會認真討論，然後明年再開始，也就是說沒有人有執行力。

因此，真正帶有好運的人會「獨自」進行，不會有合夥的人，只會接受周遭的幫助，獨自發展，即使是大公司的創業初期，有幾人共同進行，但也不會延續到兒女長大，談論繼承的時期，通常會變成「把公司賣掉或是獨自繼續」的情況。知名企業的合夥關係通常在三年內會結束，大型企業雖然表面上看似同夥，但其實大多是接收「投資」的關係。

這裡用投資不動產當作例子，相信這是常聽到的案例。假設母親想買不動產給兒子，那麼這項投資會跟著母親的運勢，還是兒子的運勢？

沒錯，答案是中意物件並且做出判斷的母親。一般而言當事人會購買順眼的物件，那麼如果母親在十年後有良好的都更運，則會買到十年後可以都更的物件給兒子。

　　接受不動產的兒子之後會如何運用這項資產不得而知，但這項物件會因母親的觀點、判斷以及運氣進行變化，也就是說，過戶給兒子的這件事不重要，重要的是喜歡且購入之人的運氣。

　　股票也是，當機立斷的人是 A，而 B 因為相信 A 所以買了股票，並非出於 B 的自我意識進行的買賣。

　　那麼假設我們知道誰的運氣好及誰的運氣差。那麼接下來要怎麼做？讓我舉個簡單的例子，其實這也是我每天會經歷的事情。我有一位命理師同事，我們知道今天誰的運氣好，那麼要決定吃烤肉還是吃炸雞，會由好運的人做決定。你會問有必要做到這樣嗎？吃想吃的東西不就好了。我們曾試過讓運氣差的人選食物，結果一團亂，當運氣差的我選了炸雞，結果那天偏偏炸過頭，一點也不好吃，大概是這種感覺，因為經歷過太多次類似的經驗，所以明白就連選擇吃什麼也要仰賴好運的人才有好結果。

這種事情適用於國家、公司甚至家裡的大小事，運氣好的人可以比學歷高的人在「單純的事情上」做出更好的判斷，所以領導的運氣才如此重要。

書號 0HDC0080

致富運氣
抓準機會，走向財富之路

作　　者：南澤秀
譯　　者：莫莉
責任編輯：梁淑玲
封面設計：FE 設計
內頁排版：王氏研創藝術有限公司

總　編　輯：林麗文
副　總　編：梁淑玲、黃佳燕
主　　編：高佩琳、賴秉薇、蕭歆儀
行銷總監：祝子慧
行銷企畫：林彥伶、朱妍靜

出　　版：幸福文化／遠足文化事業股份有限公司
發　　行：遠足文化事業股份有限公司
　　　　　（讀書共和國出版集團）
地　　址：231 新北市新店區民權路 108 之 2 號 9 樓
郵撥帳號：19504465 遠足文化事業股份有限公司
電　　話：(02) 2218-1417
信　　箱：service@bookrep.com.tw

法律顧問：華洋法律事務所　蘇文生律師
印　　刷：博創印藝文化事業有限公司
初版一刷：2023 年 10 月
定　　價：450 元

國家圖書館出版品預行編目 (CIP) 資料

致富運氣：抓準機會，走向財富之路 /
南澤秀著 . -- 初版 . -- 新北市 : 幸福文化
出版社，遠足文化事業股份有限公司，
2023.10
　　面；　公分
ISBN 978-626-7311-69-1(平裝)
1.CST: 理財 2.CST: 財富 3.CST: 成功
法
563　　　　　　　112014690

Printed in Taiwan
著作權所有侵犯必究
【特別聲明】有關本書中的言論內容，
不代表本公司 / 出版集團之立場與意
見，文責由作者自行承擔